UN CANE PER TUTTA LA FAMIGLIA

© 2017 DeA Planeta Libri S.r.l.

Published by arrangement with The Italian Literary Agency

Redazione: via Inverigo, 2 – 20151 Milano
www.deaplanetalibri.it

Le foto dell'autore sono di Mirta Lispi.
Per tutte le altre illustrazioni usate all'interno del libro: © Shutterstock;
icona dell'osso (vedi box) © Created by JeraOcean by The Noun Project.
Sequenza a pag. 59 e sequenze a pag. 98 e 100; foto pag. 131 in basso: © Ilaria Boriani
Foto pag. 13 e pag. 159 in alto a destra: © Giuliana Parabiago
Foto pag. 58 in alto, pag. 86 in basso (2 foto) e 87 in alto, pag. 89,
pag. 159 (tutte tranne la foto in alto a destra): © Simone Dalla Valle

Tutti i diritti sono riservati. Nessuna parte di questo volume può essere riprodotta, memorizzata o trasmessa in alcuna forma o con alcun mezzo, elettronico, meccanico, in fotocopia, in disco o in altro modo, compresi cinema, radio, televisione, senza autorizzazione scritta dell'Editore.

Le fotocopie per uso personale del lettore possono essere effettuate nei limiti del 15% di ciascun volume/fascicolo di periodico dietro pagamento alla SIAE del compenso previsto dall'art. 68, commi 4 e 5, della legge 22 aprile 1941 n. 633.

Le riproduzioni effettuate per finalità di carattere professionale, economico o commerciale o comunque per uso diverso da quello personale possono essere effettuate a seguito di specifica autorizzazione rilasciata da CLEARedi, corso di Porta Romana, 108 – 20122 Milano,
e-mail info@clearedi.org e sito web www.clearedi.org

Stampa: Italgrafica s.r.l., Novara - 2017

Simone Dalla Valle

UN CANE PER TUTTA LA FAMIGLIA

DeAGOSTINI

Dedico questo libro a tutti
i bambini e le bambine che desiderano essere
il "maestro adatto" del proprio cane,
per imparare come **amarlo** e **rispettarlo**!
Ma lo dedico anche a **Kaya** e **Sentinella**
che sono stati e sempre saranno i miei
"maestri adatti" nel **mondo dei cani**.

C'era una volta un cane
che non sapeva abbaiare.
Andò da un lupo a farselo spiegare,
ma il lupo gli rispose con un tale ululato
che lo fece scappare spaventato.

Andò da un gatto, andò da un cavallo,
e, mi vergogno a dirlo,
perfino da un pappagallo.

Imparò dalle rane a gracidare,
dal bove a muggire,
dall'asino a ragliare,
dal topo a squittire,
dalla pecora a fare "bè bè",
dalle galline a fare "coccodè".

Imparò tante cose,
però non era affatto soddisfatto
e sempre si domandava
(magari con un "qua qua"):
"Che cos'è che non va?"

Qualcuno gli risponda, se lo sa.
Forse era matto?
O forse non sapeva
scegliere il maestro adatto?

Gianni Rodari

INDICE

Introduzione — **11**
Perché è bello vivere con un cane — **13**
    Un amico da rispettare — *15*
La nascita di una lunga amicizia — **18**
    Quando ci siamo conosciuti — *20*
    Perché siamo diventati amici dei cani? — *22*
    Perché il cane è diventato nostro amico? — *25*
    E oggi? — *27*
Prendersi cura del cane: il cibo — **29**
    Un appetito formidabile — *30*
    Come e quando dare da mangiare al cane — *33*
    Non esiste solo la ciotola — *39*
Prendersi cura del cane: la cuccia e la casa — **45**
    Relax e cuccia — *46*
    L'accesso al territorio — *49*
Costruire una relazione con il proprio cane — **52**
    Diventare amico del proprio cane — *53*
    Come divertirsi con il proprio cane — *56*
Comunicare per conoscere, conoscere per rispettare — **75**
    Comunicare con gli odori — *79*
    Comunicare con i suoni — *82*
    Comunicare con il corpo — *84*

I segnali di stress	*91*
L'invito al gioco	*94*
Qualche errore di comunicazione	*96*
Comportamenti sbagliati	**102**
L'adozione	**104**
Dove adottare	*104*
Come adottare	*109*
Come prepararsi al grande giorno	*112*
"Cucciolo o adulto?"	**116**
Il cucciolo: cosa bisogna sapere	*119*
Come scegliere il cucciolo	*121*
Come organizzarsi quando arriva il cucciolo	*123*
La cuccia e i dintorni	*124*
Cacca e pipì	*128*
Morsichini	*130*
La socializzazione: il cucciolo scopre il mondo	*133*
L'adozione a distanza	*137*
Come orientarsi tra le razze	**138**
Cani da compagnia	*144*
Cani da caccia	*146*
Cani da pastore o da conduzione	*150*
Cani da guardia e da difesa	*152*
Incroci di lupi con pastori tedeschi	*155*
Cani primitivi	*156*
Meticci	*158*
Ringraziamenti	**160**

INTRODUZIONE

Alzi la mano chi ha desiderato almeno una volta di avere un cane per amico.

Già vi vedo: siete in tantissimi!

E posso capirvi: **condividere la propria vita con un cane è un'esperienza unica e indimenticabile.**

A patto, però, che tutto fili liscio e che anche il vostro cane sia felice... altrimenti dietro l'angolo potreste trovare imprevisti non sempre facili da affrontare.

Per questo, prima di adottare un cane, è importante documentarsi per conoscere a fondo il migliore amico dell'uomo. Questo libro vi fornirà tante informazioni utili e divertenti e vi aiuterà a essere pronti quando verrà il momento di accogliere un cane in famiglia.

Per prima cosa parleremo del momento in cui l'uomo e il cane si sono incontrati: scopriremo come hanno fatto amicizia, che cosa ha significato per

entrambi la loro lunghissima convivenza e come è cambiato il loro rapporto nel tempo.

Quindi, impareremo a prenderci cura del nostro cane e a fare in modo che sia felice, e capiremo insieme come comunica e come possiamo comunicare con lui.

Infine vi illustrerò le principali differenze tra le razze più note e vi spiegherò chi sono i meticci.

Mi auguro che quando avrete terminato la lettura di questo libro guarderete i cani con occhi diversi. Se imparerete ad amarli e rispettarli nel modo giusto, allora sono certo che qualunque cane non vedrà l'ora di esservi amico! Siete pronti?

> Conoscete l'espressione "In bocca al lupo"? È usata per augurare buona fortuna. In caso di pericolo mamma lupa prende delicatamente i cuccioli tra le fauci e li porta al sicuro. Ecco perché bisogna sempre rispondere "Grazie!" e non "Crepi!"

PERCHÉ È BELLO VIVERE CON UN CANE

Una volta una cara amica mi disse: «Sarò sempre grata a Emma – un maestoso Pastore dell'Anatolia – perché con lei ho riscoperto il piacere di passeggiare nei boschi». Credo che questo sia un ottimo motivo per adottare un amico a quattro zampe! In compagnia dei nostri cani, possiamo riscoprire il piacere di correre su un prato o di camminare lungo un sentiero di montagna, di osservare i cambiamenti portati da ogni stagione e di ascoltare i suoni della natura – tutte cose che spesso trascuriamo, perché siamo abituati a vivere in città.

Lo so, è molto divertente giocare con una consolle o chattare con gli amici, ma giocare all'aria aperta e guardare i propri amici negli occhi, invece che attraverso uno schermo, è ancora meglio.

I cani, quindi, possono insegnarci a riscoprire il nostro legame con la natura. Prima di tutto, però, sono nuovi amici con cui condividere la vita.

Come in tutte le amicizie che si rispettino, anche il rapporto con il vostro cane sarà fatto di alti e bassi e insieme a lui attraverserete momenti difficili. Ma vi assicuro che se seguirete i miei consigli ci saranno soprattutto momenti felici.

Il vostro cane vi aiuterà anche a crescere nel modo giusto, perché prendendovi cura di lui – o di lei – imparerete molto:

Dovrete infatti ricordarvi di dargli la pappa e di portarlo fuori regolarmente e quindi diventerete più **responsabili e organizzati**.

Spetterà a voi controllare che la sua ciotola sia sempre piena d'acqua fresca e che la cuccia dove riposa sia abbastanza comoda. Questi e altri compiti vi aiuteranno a essere più **attenti e sensibili alle esigenze di chi vi sta intorno**.

Il cane non è in grado di spiegarvi come si sente; dovrete individuare eventuali malesseri e occuparvi della sua salute. Così **diventerete più bravi ad ascoltare e a capire chi vi sta vicino**, anche se è diverso da voi.

Dovrete educare il vostro cane in modo che si inserisca nel contesto in cui abitate senza creare problemi alle altre persone e ricordarvi sempre di raccogliere le deiezioni per lasciare puliti parchi e marciapiedi. In questo modo **imparerete a rispettare la comunità e l'ambiente in cui vivete**.

La convivenza con un cane, insomma, è **un'esperienza unica che vi lascerà ricordi importanti e vi insegnerà tantissime cose.**

Un amico da rispettare

Ma se vivere con i cani è così piacevole, perché i canili sono sempre pieni e perché esistono professionisti, come il vostro dog trainer preferito, che si occupano di aiutare i cani e i loro proprietari a costruire un rapporto sereno?

La risposta è semplice: molte persone decidono di adottare un cane per avere un amico con cui condividere alcuni momenti della vita, ma sottovalutano l'impegno necessario per conoscerlo davvero e per prendersene cura ogni giorno rispettando i suoi bisogni.

Molti dei cani che ho avuto il piacere di incontrare in questi anni trascorrono le giornate da soli, fanno passeggiate molto brevi (alcuni non escono mai dal giardino, se non nel week-end!), non vengono invitati a giocare e spesso non hanno la possibilità di interagire con altri cani.

Solo una piccola parte dei proprietari di cani decide di frequentare un corso di educazione e pochissimi accompagnano i loro amici a quattro zampe a fare attività più impegnative (come una passeggiata in montagna o lungo un fiume) almeno una volta alla settimana.

Immaginiamo che il cane sia un videogame. Per poter giocare e sfruttare a fondo tutte le potenzialità di un videogioco dobbiamo leggere bene le istruzioni e capire cosa è giusto fare e cosa è meglio evitare.

«Si può anche improvvisare» – diranno alcuni di voi – ma in questo caso il risultato finale

non sarebbe lo stesso e il gioco sarebbe meno divertente.

Lo stesso accadrà con il vostro cane: se invece di improvvisare vi preparerete, gli dedicherete il tempo necessario, vi eserciterete insieme a lui, **riuscirete a costruire in breve tempo un rapporto ricco di emozioni e soddisfazioni.**

Ma le similitudini tra il cane e i videogame finiscono qui. Quando vi stancate di un videogame, potete riporlo nell'armadio o, meglio ancora, regalarlo a un amico senza nessuna conseguenza. Se, invece, decidete di dare a qualcun altro il vostro cane o di portarlo in un canile, lo farete soffrire moltissimo. Si sentirebbe tradito, abbandonato dalla sua stessa famiglia.

Non dovete mai dimenticare che siete stati voi a decidere di adottare un cane e non viceversa, per cui è vostro dovere prendervi cura di lui per tutta la vita e impegnarvi a fondo per renderlo felice ogni giorno.

LA NASCITA DI UNA LUNGA AMICIZIA

Sono pronto a scommettere che quando vi ho chiesto se avete desiderato almeno una volta di avere un cane per amico, avete alzato tutti la mano.
Eppure se vi avessi fatto la stessa domanda riguardo a un altro animale altrettanto conosciuto, come per esempio il cavallo, non credo che la risposta sarebbe stata la stessa.
Vi siete mai chiesti perché i cani attirino così tanto la nostra attenzione e come mai questa attrazione sia reciproca? Anche spremendomi le meningi, infatti, non saprei citare un altro animale che dimostri così tanto interesse per noi:

tra tutte le specie presenti sul nostro pianeta i cani sono gli unici che ci guardano spontaneamente negli occhi e che capiscono le indicazioni che comunichiamo loro attraverso lo sguardo e semplici movimenti del capo.

Non solo: alcuni studiosi giapponesi hanno dimostrato che quando guardiamo un cane negli occhi ci sentiamo più felici; mentre altri scienziati americani hanno scoperto che esiste una parte del cervello del cane specializzata nella comprensione dei messaggi inviati dagli uomini.
E non è ancora tutto: i cani sono capaci di capirci anche quando non comunichiamo direttamente con loro. Ecco perché si dice spesso che sentono quando siamo tristi o spaventati.
Insomma, è proprio vero: **i cani sembrano essere i nostri migliori amici!**
Ma com'è possibile che sappiano fare tutte queste cose se nessuno gliele ha mai insegnate?
Per scoprirlo, continuate a leggere.

Quando ci siamo conosciuti

Qualche anno fa, in Nord Africa, alcuni archeologi hanno scoperto una tomba di una persona molto importante che era stata seppellita abbracciata al suo cane.
La tomba risale a circa 15.000 anni fa e questo fatto dimostra tre cose importantissime:

15.000 ANNI FA IL CANE E L'UOMO VIVEVANO GIÀ ASSIEME

Il cane, quindi, è stato il primo animale a vivere con l'uomo, migliaia di anni prima degli ovini e dei bovini (8.000 a.C.), dei gatti (5.000 a.C.), dei cavalli (4.000 a.C.) e delle galline (3.500 a.C.).

15.000 ANNI FA IL CANE ERA GIÀ MOLTO IMPORTANTE PER L'UOMO

In passato, infatti, le persone importanti venivano seppellite assieme a oggetti molto significativi o di valore. Il cane quindi aveva già un ruolo rilevante nella vita dell'uomo.

15.000 ANNI FA IL CANE E L'UOMO ERANO GIÀ MOLTO AMICI

Ce lo fa pensare il fatto che l'uomo e il cane siano stati ritrovati abbracciati, mentre gli oggetti rinvenuti nella tomba erano situati in un'altra zona.

15.000 anni sono tantissimi, così tanti che non si riesce quasi a contarli.
E se vi dicessi che oggi gli scienziati sostengono che in realtà il nostro rapporto con i cani è iniziato addirittura prima, e che secondo alcune teorie evoluzionistiche l'uomo è diventato quello che è oggi proprio grazie all'incontro con il cane? Roba da non crederci!
Eppure diversi studiosi pensano che i cani ci abbiano aiutato a diventare più bravi nella caccia e nell'agricoltura.
Dovete sapere che tanto tempo fa non esistevano le città e gli uomini erano costretti a spostarsi sia per inseguire le prede sia perché a loro volta erano minacciati da diversi predatori e rimanere fermi a lungo nello stesso posto poteva essere pericoloso.

Impossibile non emozionarsi incrociando lo sguardo saggio di un cane anziano.

Nel momento in cui è diventato amico dell'uomo, il cane ha cominciato a proteggerlo dagli animali pericolosi. Questo ha permesso all'uomo di abbandonare il nomadismo e di dedicarsi all'agricoltura.

Ma non solo: se ci fate caso quando stiamo fermi pensiamo di più e diventiamo più fantasiosi e creativi. Questo succede perché abbiamo il tempo di fare quello che ci piace. Dopo aver adottato uno stile di vita stanziale l'uomo ha inventato tanti oggetti che hanno cambiato la storia, come la ruota, i mattoni per costruire le case, e moltissimi altri utensili che sono diventati di uso comune.

Insomma, possiamo affermare che **il cane ha cambiato la nostra storia** e ci ha aiutato a diventare più intelligenti.

Perché siamo diventati amici dei cani?

Ma cosa ha convinto il cane e i nostri antenati a diventare amici tanti anni fa?
All'inizio l'uomo e il cane si sono studiati a lungo, man-

tenendosi a distanza di sicurezza: l'uno, infatti, rappresentava un pericolo per la sopravvivenza dell'altro.
Con il tempo gli antenati dei cani capirono che era più conveniente e meno pericoloso cibarsi degli avanzi degli uomini e dei loro escrementi piuttosto che procurarsi il cibo cacciando grosse prede.

VECCHIE ABITUDINI

Capita che i cani si rotolino sulle feci umane e sulle carogne o che se ne cibino. Naturalmente non si tratta di una scelta alimentare apprezzabile, ma è sbagliato punire o sgridare i cani che hanno questa abitudine, perché stanno semplicemente mettendo in atto un comportamento che in un passato molto lontano ha permesso loro di sopravvivere. Per evitare che il vostro cane si avvicini a escrementi, cercate di essere previdenti e richiamatelo proponendogli qualcosa di più interessante e divertente da fare: vedrete che sarà felice di seguirvi!

E così, come branchi di **SPAZZINI**, i cani cominciarono ad appostarsi nei pressi degli accampamenti umani, aspettando con pazienza il momento migliore per nutrirsi. Nello stesso periodo i nostri antenati si resero conto che circondarsi di animali dai sensi molto sviluppati poteva avere diversi vantaggi. I cani, infatti, abbaiavano per avvisare se altri animali si avvicinavano nella notte e, in caso di bisogno, erano anche capa-

> Non è vero che i cani salgono su letti e divani per dominarci: vogliono condividere questi spazi con noi perché ci vogliono bene e perché un materasso è più comodo del pavimento.

ci di muoversi in branco per attaccare i predatori.

Con il tempo alcuni di loro cominciarono a seguire gli uomini durante le spedizioni per la ricerca del cibo e le battute di caccia. In quelle occasioni si dimostrarono estremamente abili a fiutare e inseguire le prede.
In breve, da semplici **guardiani** degli accampamenti, i cani affiancarono gli uomini nella **caccia**.

Infine, quando cominciarono a praticare la pastorizia, i nostri antenati si accorsero che alcuni cani erano in grado di controllare gli spostamenti del bestiame. Ecco quindi che i cani divennero anche **conduttori di greggi**.

Il fatto che i cani sapessero rendersi utili in tanti campi probabilmente convinse i nostri antenati ad accoglierli negli accampamenti e in seguito nei villaggi. Gli uomini quindi iniziarono ad allevare i primi cuccioli e a lasciarli dormire nelle tende e nelle case, non solo per avere compagnia, ma anche per scaldarsi durante le fredde notti d'inverno.

A questo punto vi sarà chiaro che il

tempo e le esperienze che abbiamo condiviso in migliaia di anni assieme ai cani hanno creato un sodalizio unico nella storia, tanto da far sì che ognuno di noi, prima o poi, senta il desiderio di avere un cane per amico!

Perché il cane è diventato nostro amico?

Fino a qui abbiamo visto che i nostri antenati hanno tratto grandi vantaggi dall'amicizia con i cani.

Ma, oltre alla possibilità di cibarsi più facilmente, cosa ha convinto il cane a rimanere con noi e a diventare nostro amico, anzi, il nostro migliore amico?

ADDOMESTICATO
Con il termine addomesticazione o domesticazione si intende il processo con cui l'uomo costringe una specie animale alla convivenza sino ad acquisirne il controllo. In questo modo la specie da selvatica diventa domestica.

È uso comune dire che il cane sia stato il primo animale **ADDOMESTICATO** dall'uomo, ma si tratta di un'affermazione sbagliata.

È davvero improbabile, infatti, che migliaia

di anni fa i nostri antenati fossero in grado di catturare e tenere in cattività predatori forti, agili, dotati di zanne e capaci di comunicare tra loro in modo da agire come una squadra organizzata.

La maggior parte degli studiosi preferisce parlare di **auto-domesticazione,** cioè di un processo spontaneo che ha portato alcuni antenati dei cani a fidarsi degli uomini e ad avvicinarli invece di attaccarli o di fuggire.

Poco fa vi ho raccontato che in passato i cani hanno svolto varie mansioni, rivelandosi degli ottimi guardiani, cacciatori, conduttori di bestiame e infine anche un'ottima compagnia. Tutto ciò è avvenuto perché **i cani erano liberi di scegliere i ruoli in cui si sentivano più bravi e grazie ai quali potevano soddisfare i loro bisogni.**

Nessuno li ha obbligati a collaborare con metodi violenti.

I nostri antenati si sono limitati a osservarne il comportamento e a individuarne le potenzialità.

Così come avviene per le persone, anche tra i cani infatti esistono soggetti con abilità e inclinazioni diverse.

Per i cani era del tutto naturale seguire le proprie inclinazioni. Ecco, quindi, perché i cani decisero di restare con i nostri antenati: non soltanto perché avevano un pasto assicurato e un tetto sotto cui dormire, ma anche perché erano **liberi di fare ciò che li rendeva felici**.

E oggi?

Anche oggi i cani hanno attitudini e comportamenti diversi. Vi basterà fare due passi in un parco per rendervi conto che alcuni non si stancano mai di correre, altri preferiscono fiutare il terreno e seguire ogni traccia e altri ancora se ne starebbero sempre comodamente distesi a terra. Ci sono cani che abbaiano in continuazione e cani così silenziosi da sembrare quasi muti; cani che giocano con i loro simili e altri che amano giocare solo con il loro proprietario; e tra questi ultimi alcuni adorano rincorrere le palline,

e altri potrebbero attraversare un campo da tennis durante un torneo senza fare una piega...
Tutte queste differenze di comportamento sono **l'eredità genetica** che i cani di oggi hanno ricevuto dai loro antenati; dimenticarsene sarebbe un errore gravissimo!

Infatti se in passato i cani erano liberi di fare quel che più amavano ed erano apprezzati dagli uomini proprio per le loro abilità e inclinazioni naturali, oggi quasi tutti vengono adottati come semplice compagnia.
Intendiamoci: **decidere di adottare un cane per avere un amico è un motivo nobile e valido, ma non dobbiamo dimenticare che ogni giorno i cani sentono la necessità di soddisfare bisogni che a volte non coincidono con i nostri o che non sono compatibili con il nostro stile di vita.**

Sono sicuro che non sareste felici di vivere con qualcuno che pur dicendo di volervi bene non vi permette mai di fare quello che desiderate e magari vi obbliga anche a fare ciò che non vi piace. Purtroppo tanti, troppi cani che ho conosciuto in questi anni fanno proprio questa vita!
Ecco perché nel prossimo capitolo scopriremo di cosa ha bisogno un cane per essere felice.

PRENDERSI CURA DEL CANE: IL CIBO

Quando hanno cominciato a vivere con l'uomo, i cani si sono guadagnati prima di tutto un pasto e un riparo, in seguito la possibilità di dedicarsi a ciò che sapevano fare meglio e che li rendeva felici e, infine, l'amicizia e la compagnia dei nostri antenati con cui condividevano spazi importanti come, per esempio, il giaciglio per dormire.

Da allora i cani sono cambiati, come siamo cambiati noi umani. Negli ultimi due secoli l'uomo ha creato **oltre 400 razze canine** per avere esemplari dalle abilità sempre più spiccate e con caratteristiche fisiche precise. Ma la natura dei cani è rimasta immutata. Gli "ingredienti di partenza" per creare le razze, infatti, sono stati i meticci, ovvero cani che non appartengono a nessuna razza.

Inoltre, oggi **i meticci rappresentano la fetta più grande della popolazione mondiale dei cani**. Si stima che al mondo ci siano circa

600 milioni di cani e che di questi soltanto 100 milioni siano cani di proprietà. Quelli bradi (cioè che vivono liberi), come potete immaginare, sono solo in minima parte cani di razza e anche tra quelli di proprietà i meticci sono numerosissimi. Ecco perché prima ancora di soffermarci sulle caratteristiche e sulle necessità particolari delle principali razze, possiamo individuare una serie di bisogni primari comuni a tutti i cani.

> Sapete che fino a qualche anno fa non esistevano cani obesi, mentre oggi, a causa di cattive abitudini alimentari, purtroppo questa malattia è molto diffusa?

Un appetito formidabile

I cani sono animali golosi e voraci; se ne avessero la possibilità mangerebbero in continuazione. Ma se tenete alla salute del vostro cane e volete costruire una relazione corretta con lui, dovete assolutamente evitare di assecondare questa loro brutta abitudine.
In natura i predatori non trascorrono le giornate gustan-

do prelibatezze, si limitano a mangiare quel che trovano, se lo trovano e quando lo trovano. Se i nostri cani vivessero liberi, per procurarsi il cibo dovrebbero prima di tutto fiutare una preda o un avanzo, seguire a lungo le tracce olfattive, lottare con la preda o ingegnarsi per assicurarsi il cibo nel caso in cui questo si trovasse, per esempio, chiuso in un cassonetto della spazzatura.
Insomma, per procurarsi del cibo i cani dovrebbero ricorrere a tutte le loro capacità intellettive, sensoriali (prima fra tutte l'olfatto) e fisiche, e questo comporterebbe un grande investimento di tempo ed energie.
Per gran parte dei cani, queste attività extra non rappresenterebbero una fatica, bensì un piacere. **Tutti adorano fiutare, muoversi liberamente e usare la testa per risolvere situazioni più o meno complesse.**

Ora immaginate di nuovo di essere un cane e di essere costretto a vivere in un appartamento, da cui potete uscire solo per poche e brevi passeggiate giornaliere.
L'unico sforzo che dovete fare per mangiare è quello necessario per

spostarvi dalla cuccia alla ciotola, un percorso non certo faticoso. Non potete mettere alla prova il vostro olfatto portentoso, tenervi in esercizio, né tantomeno usare la vostra intelligenza per procurarvi il cibo. E non avete più la possibilità di fare una divertente caccia al tesoro quotidiana.

Insomma, non vi annoiereste da morire? Sono sicuro di sì!
E, credetemi, è esattamente ciò che accade ai cani costretti a vivere in queste condizioni. Molti incorrono anche in problemi più seri: sviluppano disturbi legati all'alimentazione e al comportamento. I cani di alcune razze e in generale i cuccioli e i cani giovani hanno un incredibile bisogno di muoversi e di "fare", che non può certo esaurirsi in qualche breve momento di gioco o con una passeggiata al guinzaglio attorno all'isolato.
La **FRUSTRAZIONE** che deriva dal non poter fare ciò che desiderano può essere un'esperienza molto avvilente per questi cani. Ovviamente nella vita non sempre è possibile ottenere ciò che desideriamo e per questo è sbaglia-

> **FRUSTRAZIONE**
> Immaginate di avere una voglia incredibile di gelato e trovare la gelateria chiusa. La frustrazione è la bruttissima sensazione che proviamo quando non riusciamo a fare o ottenere quello che desideriamo.

to viziare un cane (o un bambino!) concedendogli tutto. Altrimenti il nostro cane esprimerà la sua frustrazione ogni volta che verrà contrariato o deluso, anche per questioni di poca importanza. D'altro canto se non possiamo mai fare ciò che desideriamo non possiamo essere felici. Ecco perché gli antichi latini erano soliti ripetere: *in medio stat virtus*, ovvero la virtù sta sempre nel mezzo!

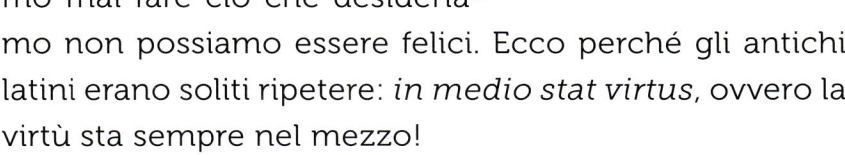

Vediamo allora come organizzare il momento dei pasti.

Come e quando dare da mangiare al cane

Prima di tutto vi consiglio di dividere la razione di pappa giornaliera in due pasti, da somministrare al ritorno dalle due passeggiate più lunghe, in modo che il cane si sfami e abbia il tempo di digerire prima dell'uscita successiva. Lasciate sempre riposare il vostro cane per almeno tre ore dopo che ha mangiato e, se proprio dovete uscire,

ricordatevi di non farlo correre e agitare troppo per evitare la **TORSIONE DELLO STOMACO**.
Per i pasti **scegliete un posto tranquillo**, in modo che il cane possa mangiare senza essere d'intralcio a voi o ad altre persone. **Ricordate di non disturbare mai il vostro cane mentre mangia** o si rilassa masticando. In questo modo non assumerà atteggiamenti scorretti, come per esempio un'eccessiva foga nel finire la razione di cibo o aggressività nei confronti di chi si avvicina.
Potrete posizionare nello stesso posto anche **la ciotola dell'acqua, che deve essere sempre fresca e pulita**.

LA TORSIONE DELLO STOMACO

È una patologia molto grave che si verifica quando lo stomaco del cane compie una torsione completa e si ostruisce. Ne seguono gonfiori ed emorragie interne che causano dolori lancinanti e morte.

Se, mentre preparate la sua pappa in cucina, il cane si agita o abbaia, interrompetevi e spostatevi in un'altra stanza; chiedete al cane di raggiungervi e dategli un ossicino da masticare in modo da tenerlo impegnato mentre voi tornate in cucina. Questa volta, però, chiudetevi dentro, così che il cane non possa disturbarvi.

> Ancora oggi purtroppo tanti miei colleghi suggeriscono di togliere la ciotola al cane mentre mangia per fargli capire chi comanda. Non fatelo!

Non è necessario che il cane assista alla preparazione del suo pasto, soprattutto se in questa situazione si agita fino a perdere il controllo!

Quando avete finito, riaprite la porta e chiamate il vostro cane col suo nome seguito dalla parola «Vieni!» Fatevi trovare in piedi con la ciotola in mano.
Se il cane comincia ad abbaiare e a saltare, non sgridatelo. È del tutto normale: anche voi vi emozionate e vi agitate quando qualcuno vi porta un regalo. Non cercate di imporgli di stare fermo prima che mettiate la ciotola a terra e di non mangiare finché non gli date il permesso. Gli causereste solo stress e non lo aiutereste

CONSIGLI PER UNA CENA TRANQUILLA!

Se non volete che il cane vi disturbi mentre siete a tavola, non dategli mai attenzioni in quel momento. Evitate di concedergli del cibo e di chiamarlo, ma soprattutto non guardatelo mentre elemosina quel che avete nel piatto! Alla lunga capirà che ogni tentativo di ottenere il vostro cibo sarà inutile e preferirà dedicarsi ad altro. Se avete avanzato del cibo che il vostro cane può mangiare e volete darglielo, vi consiglio di metterlo da parte e di offrirglielo in un secondo momento. In questo modo capirà che non vi dedicherete a lui finché non avrete davvero terminato il pasto. Dopo aver sparecchiato, allontanatevi dalla tavola, chiamate il vostro cane pronunciando il suo nome seguito dalla parola «Vieni» e, quando arriva, dategli il cibo. In questo modo voi vi sentirete meno cattivi e lui avrà fatto qualcosa di divertente con voi prima di andare a riposare.

a rilassarsi davvero. È molto più educativo lasciare che si tranquillizzi da solo senza perdere la pazienza. **Limitatevi ad aspettare che smetta di abbaiare e di saltare** e quando ha tutte e quattro le zampe a terra e vi concede un po' di spazio depositate la ciotola sul pavimento e lasciatelo libero di mangiare senza mai tentare di sottrargli la ciotola.

Se volete guadagnarvi la sua fiducia, allontanatevi dalla ciotola, tenendo nella mano una piccola porzione di cibo. Quindi, chiamate il vostro cane per mostrargliela. Se lascerà la sua ciotola per venire da voi, ditegli «Bravo!» e dategli il cibo senza disturbarlo ulteriormente.

In questo modo il cane imparerà che le vostre mani si avvicinano per dargli qualcosa di buono e non per sottrargli il cibo, e fidarsi di voi sarà del tutto naturale!

Se il vostro cane non dovesse finire la sua razione, svuotate la ciotola e riempitela con una nuova porzione (che non sarà più abbondante del solito) soltanto in occasione del pasto successivo. **Così facendo il cane si abituerà a mangiare tutta la pappa e a non piluccare durante la giornata**, un'abitudine che ha diverse controindicazioni sia fisiche che comportamentali.

MANDIBOLE INSTANCABILI!

I cani adorano masticare: li aiuta a rilassarsi e a trascorrere il tempo quando voi non siete con loro.
È quindi importante che ogni giorno, oltre ai due pasti quotidiani, possano masticare a lungo senza essere disturbati. Invece dei biscotti secchi che il più delle volte durano solo qualche secondo e rischiano anche di farlo ingrassare inutilmente, optate per snack da masticare, che lo tengano impegnato per diversi minuti. Potete usare questi snack anche quando dovete recarvi in un posto in cui il vostro cane sarà costretto a rimanere fermo a lungo senza far nulla, come in un ristorante, a casa di amici o in macchina per un lungo viaggio. Non tutti i cani sono bravi a masticare perché questo richiede impegno, forza e costanza. Se il vostro cane ha difficoltà fatelo cominciare con qualcosa di semplice, come la trippa secca e gli ossicini di pelle di bufalo arrotolati, per poi proporgli prelibatezze canine come i nervi essiccati. Mi raccomando, evitate di comprare snack con coloranti e le ossa di prosciutto: ai cani piacciono, ma purtroppo non sono salutari.

Non pensiate di essere cattivi o ingiusti: a casa vostra, quando finite di mangiare lasciate forse gli avanzi nei piatti e la tavola apparecchiata fino al pasto successivo? Ricordatevi che in natura il cane non lascerebbe mai il suo cibo a disposizione di altri predatori; se si comporta così le cause possono essere due: o si è convinto di poter gestire il cibo da sé o è inappetente. Nel primo caso vi basterà riempirgli la ciotola soltanto in occasione dei pasti e svuotarla qualora ne avanzasse una parte, nel secondo caso invece sarà compito del veterinario individuare un'eventuale causa medica.

Non esiste solo la ciotola

Sono sicuro che vi starete chiedendo: ma se al cane piace procurarsi il cibo, che divertimento trova nello svuotare una ciotola?
Non posso che essere d'accordo con voi, infatti i miei cani non mangiano mai dalla ciotola! O meglio, qualche volta succede, ma solo quando per qualche inconveniente non ho molto tempo da dedicare ai loro pasti.
Vediamo allora alcune alternative che vi permetteranno di rendere i pasti decisamente più divertenti e appaganti per il vostro cane.

IL KONG

La prima alternativa che vi invito a prendere in considerazione è il Kong, un oggetto in gomma molto resistente, dotato di un foro centrale, che può essere riempito di cibo. **Per far fuoriuscire la pappa – e mangiarla – il cane deve comprimere il Kong, leccarne il contenuto, farlo rotolare; insomma deve ricorrere a molteplici strategie.**

Se userete il Kong, il vostro cane impiegherà diversi minuti per consumare una razione di cibo che nella ciotola durerebbe una manciata di secondi. E si divertirà molto di più.

Vi consiglio di lasciare la massima libertà al vostro amico a quattro zampe mentre usa il Kong, in modo che trovi da solo la soluzione migliore per arrivare al cibo.

Per la preparazione del pasto, riempite la ciotola con una dose di crocchette, aggiungete del pâté di carne e amalgamate tutto come fareste con la pasta per la pizza. Se avete l'abitudine di cucinare per il vostro cane, potete utilizzare il cibo che gli preparate di solito.

Riempite il Kong il più possibile. Chiamate il cane e depositate il

Kong all'interno della cuccia. Se il cane preferisce spostarsi in un altro luogo, assecondatelo: probabilmente per lui la cuccia in questa situazione non è abbastanza comoda.

Può succedere che, dopo numerosi tentativi, il vostro amico a quattro zampe non riesca a consumare il pasto. In questo caso avrà bisogno del vostro aiuto. Riempite la ciotola con una nuova dose di cibo e chiamatelo. Mentre mangia, recuperate il Kong e svuotatelo con un cucchia-

CROCCHETTE SÌ... MA SANE!

Se decidete di alimentare il vostro cane con le crocchette, dovete seguire alcune semplici regole:

1) acquistate cibo di qualità, ricordando che le marche più conosciute e facili da trovare non sono necessariamente le migliori. Piuttosto scegliete prodotti fatti con un solo tipo di carne o di pesce e che siano privi di conservanti e coloranti. Evitate anche i mangimi il cui ingrediente principale sia un cereale e non una fonte di proteine (cioè la carne o il pesce);

2) preferite cibi "CRUELTY FREE": non testati su altri animali;

3) seguite attentamente le indicazioni riportate sulla tabella alimentare per stabilire la dose di cibo giusta per il vostro cane;

4) se durante il giorno siete soliti dare qualche snack da masticare al vostro cane o se aggiungete alle crocchette il pâté di carne, come vi ho suggerito di fare per la preparazione del Kong, potete diminuire la dose di crocchette.

io. Poi spalmate la superficie esterna del Kong con un po' di pappa e inseritene anche una piccola quantità all'interno, in prossimità del foro, in modo che sia più facile per il cane estrarla. Quindi provate a offrire di nuovo il Kong al vostro cane. Sono sicuro che adesso farà meno fatica a ripulirlo e comincerà a divertirsi.

Nei giorni successivi, provate ad aumentare la difficoltà: vedrete che piano piano il vostro cane sarà sempre più disposto a impegnarsi.

CACCIA ALLE CROCCHETTE

Un'altra alternativa divertente alla ciotola consiste nel lasciare che il vostro cane mangi la sua dose quotidiana di crocchette direttamente sul pavimento o, meglio ancora, sul prato se avete un giardino.

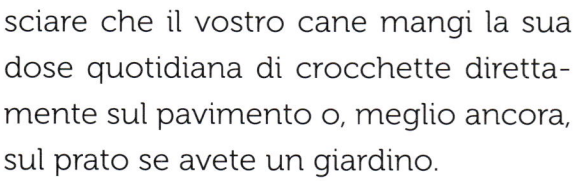

Dopo aver messo tutta la dose di pappa in un contenitore, chiamate il vostro cane e spargete il cibo a terra davanti ai suoi occhi (se volete potete anche lanciarglielo). Se decidete di far mangiare il cane all'esterno, assicuratevi che il terreno non sia coperto da erba troppo alta o da piante urticanti e che non ci siano altri cani nei paraggi.

Per variare il gioco, ogni tanto, potreste sfruttare degli **elementi naturali**, come le cavità dei tronchi: provate a riempirle con il cibo del vostro cane, stando sempre attenti a non rendere il gioco troppo difficile o pericoloso. Oppure potreste disporre la pappa sotto mobili o oggetti grandi e stabili, come una sedia o un tavolino. In questo modo **il vostro cane dovrà destreggiarsi tra diverse "barriere" per recuperare il cibo**, impegnandosi dal punto di vista fisico.

LA CONQUISTA DEL CIBO

Per impegnare il vostro cane in un gioco ancora più avvincente, **potete "servirgli" il cibo dentro contenitori speciali**, come fogli di giornale accartocciati o i cilindri di cartone che trovate all'interno dei rotoli di carta igienica (in questo caso potete richiuderli come fossero caramelle). Sparpagliate i contenitori sul pavimento o sul prato e lasciate che il vostro cane li distrugga per conquistarsi il cibo. Per rendere il tutto un po' più complicato, ogni tanto, potete chiedere a qualcuno di tenere il cane dalla pettorina (e non dal collare perché rischierebbe di strozzarlo), mentre nascondete i fogli o i cilindri sotto il suo sguardo. Poi tornate dal cane e invitatelo a cercare il bottino, senza insistere se non avesse voglia di impegnarsi in questa attività.

Tenete sempre a mente che non state facendo una gara e quindi non pretendete che il vostro cane finisca il gioco il prima possibile e non incitatelo mentre cerca il cibo.

Come vedete ci sono tanti modi divertenti per far mangiare il vostro cane permettendogli allo stesso tempo di "fare il cane": basta avere un po' di fantasia e la voglia di divertirsi assieme, doti che sono certo non mancheranno ai veri fan di *Missione Cuccioli*!

PRENDERSI CURA DEL CANE: LA CUCCIA E LA CASA

Il territorio in cui vivono è un punto di riferimento insostituibile per i cani: è il luogo in cui mangiano, bevono, dormono e che condividono con i loro proprietari.

Organizzare correttamente gli spazi del "territorio" e sapere come comportarsi è un'altra regola fondamentale per aiutare il vostro cane a sentirsi al sicuro e quindi felice in casa vostra.

Prima di tutto, per sentirsi sicuro, il vostro cane ha bisogno di conoscere bene il luogo in cui vive. Ecco perché, al suo arrivo, dovete permettergli di esplorare tutta la casa, inclusi gli ambienti a cui in seguito non potrà più accedere (per esempio, i bagni e gli sgabuzzini).

In seconda battuta è importante individuare una zona relax riservata esclusivamente al cane.

Relax e cuccia

Per **zona relax**, intendo il posto in cui il cane si riposa durante la giornata e dorme di notte. Deve essere un luogo tranquillo e lontano dalle "zone vive" della casa, ossia i punti in cui sono presenti stimoli che possono disturbarlo.
Vi sconsiglio di posizionare la **CUCCIA** vicino all'ingresso, sul balcone o sotto una finestra che si affaccia su una strada trafficata, perché il vostro cane potrebbe abbaiare e agitarsi per ogni minimo rumore proveniente dall'esterno. Se pensate che una posizione simile possa essere utile per scoraggiare visite di intrusi, sappiate che ogni cane è pronto ad avvisare la famiglia in caso di reale necessità. Non serve tenerlo sempre in stato di allerta, non fareste che provocargli stress e nervosismo.
Invece, potete sistemare la cuccia in salotto o in camera da letto, due zone dove anche voi abitualmente vi rilassate dormendo, leggendo o guardando... *Missione Cuccioli*!
Questo aiuterà il vostro cane a sentirsi parte della famiglia e favorirà la sua tranquillità. Inoltre, avendo la possibilità di

> Quando acquisterete la cuccia per il cane, pensate alla sua comodità. Ognuno ha esigenze diverse: alcuni si sentono meglio su una trapunta ripiegata, altri preferiscono un trasportino per sentirsi al sicuro.

sdraiarsi vicino a voi, sentirà meno l'esigenza di salire sul vostro letto o sul divano.

A questo proposito, non penso che l'abitudine di dormire o di rilassarsi con i propri cani sia sbagliata. Al contrario, la trovo estremamente piacevole e **quando viaggio per lavoro e non posso portare con me i miei cani, non c'è sera in cui non senta la loro mancanza nel letto**. Tuttavia se decidete di far accedere il vostro cane a letti e divani è importante stabilire sin da subito alcune regole:

- il cane deve comunque avere una cuccia a terra ed essere capace di rilassarsi anche in quella sistemazione;

- stendete una copertina di cotone sulla zona del divano o del letto in cui il vostro cane è solito sdraiarsi, in modo che capisca qual è il suo posto. Nel caso dobbiate farlo scendere per lasciare spazio ai vostri amici, sistemate la coperta sulla cuccia;

- se il vostro cane vi chiede insistentemente di salire sul letto o sul divano, sedendosi davanti a voi e fissandovi, oppure abbaiando, non accontentatelo. Altrimenti lo convincereste che quel posto gli spetta di diritto.

- Non date snack o altro cibo al cane, mentre vi trovate con lui sul letto, se non volete che prenda questa abitudine.

- Insegnate al vostro cane a scendere dal letto e dal divano, con metodi gentili, senza ricorrere a minacce o punizioni.

PREMIARE È MEGLIO CHE PUNIRE

Quando volete che il cane lasci libero il letto, prendete un bocconcino di cibo, fateglielo annusare e poi allontanatevi. Quindi, indicando il pavimento, pronunciate la parola «Giù». Appena il cane scende lodatelo e dategli il premio. In futuro non dovrete ricorrere a costrizioni per farlo scendere dalle zone rialzate. Vi basterà ripetere la stessa operazione.

Naturalmente potete anche decidere di non condividere ogni spazio con il vostro cane. Ma **non sgridatelo se vi capita di trovarlo addormentato sul divano o sul letto al mattino o al vostro rientro a casa la sera: di sicuro li** trova più comodi della sua cuccia e potrebbe aver avuto bisogno di sentire il vostro odore per addormentarsi serenamente lontano da voi!

L'accesso al territorio

Abbiamo visto che in passato i cani hanno avuto la funzione di guardiani e ancora oggi, quasi tutti, hanno una forte propensione a difendere il territorio in cui vivono.
È del tutto normale che il cane si agiti quando avete visite e dimostri interesse per i vostri ospiti. A volte però capita che i nostri amici a quattro zampe esagerino con le manifestazioni di entusiasmo.
Per fargli capire che siete voi a gestire l'ingresso degli estranei in casa, andate per primi ad accogliere gli ospiti e chiedete loro di salutare prima voi e, solo in un secondo momento, il cane e di non rivolgergli attenzioni se si agita troppo.
Se nonostante questi accorgimenti il cane continua a dimostrarsi invadente, per esempio saltando addosso agli ospiti, non sgridatelo e non punitelo perché rischiereste solo di agitarlo o spaventarlo ancora di più.
Piuttosto, per il futuro, chiedete ai vostri genitori di pro-

curarsi un cancelletto per bambini e di montarlo in prossimità dell'ingresso. In questo modo, quando avrete visite, potrete impedire al cane di avvicinarsi alla porta. Vi accompagnerà fino a un certo punto e poi sarà costretto a fermarsi. Così capirà che non spetta a lui accogliere le persone in casa né tantomeno decidere se farle entrare o meno.

Inoltre, in questa situazione, si calmerà più facilmente e presto smetterà di abbaiare. Vedrete che in men che non si dica non avrete più bisogno del cancelletto.

Nel caso meno probabile in cui il cane si dimostri spaventato dall'ingresso di estranei o addirittura aggressivo nei loro confronti, vi suggerisco di affidarvi a un istruttore cinofilo, che osservando voi e il vostro cane saprà individuare una soluzione al problema.

Se investirete tempo e attenzione per impostare una corretta educazione quotidiana, il vostro cane sarà capace di comportarsi correttamente in molte altre circostanze, anche quando andrete in vacanza, a casa di amici o più semplicemente uscirete per le passeggiate quotidiane.

A questo proposito, ricordate di fargli indossare sempre la pettorina e il guinzaglio prima di uscire, in modo che non possa scaraventarsi sul pianerottolo o, peggio ancora, in strada. Prendetevi del tempo, "vestitelo" senza fretta e aspettate che si calmi prima di aprire la porta.

Un ultimo consiglio, infine, riguarda l'atteggiamento da assumere quando rientrate a casa, dopo aver trascorso una lunga giornata lontano dal vostro cane. Di sicuro il vostro amico attenderà questo momento con grande impazienza e farà di tutto per manifestarvi il suo entusiasmo, a volte anche in modo eccessivo.
Può capitare che vi salti addosso e che cominci ad abbaiare. In questo caso è meglio evitare di gratificarlo. Non credo sia giusto ignorare i cani al nostro rientro a casa, infatti accarezzo sempre i miei amici a quattro zampe e mi abbasso affinché possano annusarmi e leccarmi il viso. Tuttavia **è importante non incoraggiare comportamenti sbagliati, anche se per i cani sono un modo per dirci quanto siano contenti di rivederci!**
Perché il vostro cane impari a salutarvi nel modo giusto, basterà semplicemente smettere di accarezzarlo e di parlargli ogni volta che sceglierà di travolgervi invece di avvicinarsi scodinzolando per leccarvi le mani o il viso.
Anche l'osso più duro capirà che cosa deve fare per ottenere le tanto sospirate coccole!

COSTRUIRE UNA RELAZIONE CON IL PROPRIO CANE

Abbiamo visto insieme che un'organizzazione attenta dei pasti giornalieri e una gestione intelligente degli spazi possono consentire ai cani di vivere bene in casa nostra. Ma queste condizioni, benché essenziali, non bastano a renderli felici, altrimenti anche i cani ospitati nei canili dovrebbero esserlo – anche loro hanno pasti assicurati e un tetto sotto cui ripararsi – e invece, purtroppo, se vi capiterà di visitare uno di questi centri, vi accorgerete che non sempre è così.

> Un animale sociale vive in gruppo e costruisce relazioni personali e stabili con i propri simili, utili a garantire l'organizzazione e, quindi, la sopravvivenza del gruppo e dell'intera specie a cui appartiene.

I cani infatti sono animali sociali: hanno bisogno di una famiglia e di trascorrere il tempo con altri individui. Renderli felici, quindi, non è complicato. Vi basterà trattarli da amici.

Diventare amico del proprio cane

Di solito non scegliamo gli amici in base all'aspetto fisico, ma per affinità, perché con loro abbiamo molte cose in comune e ci divertiamo. Allo stesso tempo non pretendiamo che i nostri amici facciano tutto quello che vogliamo, che assecondino ogni nostro desiderio, ma accettiamo le loro diversità. Con i cani dobbiamo comportarci allo stesso modo: apprezzarli per il loro carattere, rispettare la loro natura e non pretendere di imporre loro la nostra volontà in ogni situazione. Per farvi qualche esempio, non è molto rispettoso costringere i cani ad accompagnarci ovunque

vogliamo (soprattutto in posti dove non possono divertirsi) o insistere per tenerli in braccio e coccolarli anche quando non ne hanno voglia.
Dobbiamo sempre tenere a mente che i cani hanno bisogni, comportamenti e desideri che a volte non coincidono con i nostri, ma che non sono necessariamente sbagliati.

Un altro errore comune è quello di usare metodi autoritari per farci ascoltare dai cani, di dare loro ordini e di punirli quando non ci ascoltano.
Molti avranno sentito dire che il "padrone" deve essere una sorta di capobranco per il proprio cane. Secondo alcuni colleghi, infatti, i cani non dovrebbero mangiare prima di noi né passare prima di noi dalle porte o salire su letti o divani; dovremmo ignorarli quando vogliono giocare, quando entriamo o usciamo di casa, quando ci chiedono le coccole e bla bla bla... anzi, bau bau bau!

Queste teorie fanno riferimento a studi effettuati sui lupi che si sono rivelati errati e che soprattutto non possono essere applicati ai cani, animali molto diversi dai lupi.
Quindi, non date ascolto a chi sugge-

risce di adottare metodi così severi perché non è un vero conoscitore dei cani e del loro comportamento. Soprattutto **state alla larga da chi vi consiglia di usare strumenti punitivi e violenti**, come per esempio il collare a strozzo, per "educare" il vostro cane.

Come ho scritto qualche pagina fa, sono convinto che non bisogna viziare i cani, ma nemmeno eccedere in senso opposto: **ogni azione educativa messa in pratica in maniera troppo autoritaria rischia di causare stress e frustrazione al vostro cane, senza portare alcun beneficio**.
Non cercate, quindi, di essere il suo capo, ma impegnatevi piuttosto a conoscerlo e a comprenderlo.
I cani hanno bisogno di ritagliarsi un ruolo all'interno delle nostre famiglie, di sentire il nostro affetto e la nostra approvazione.
Per questo motivo **ricordatevi sempre di far capire al vostro cane quando si comporta bene**: lodatelo

e, se ne ha voglia, dategli una carezza sul fianco. Scommetto che anche voi sareste più sereni e collaborativi con un insegnante che vi spiega quando agite correttamente e vi gratifica piuttosto che con uno che usa soltanto divieti e punizioni!

Se vi dimostrerete leali e rispettosi, vi guadagnerete l'amicizia del vostro cane. Avete la fortuna di vivere con un individuo che vi regalerà ricordi ed emozioni come, forse, nessun altro al mondo saprà fare: non lasciatevi scappare questa occasione!

Come divertirsi con il proprio cane

Abbiamo visto che il cane è un animale sociale e che ha bisogno di sentirsi parte di una famiglia per essere felice. Ma c'è un'altra condizione indispensabile per il suo benessere mentale e fisico: **il cane è un animale estremamente intelligente e ogni giorno ha necessità di mettersi alla prova svolgendo diverse attività**. Mi riferisco alla possibilità di annusare, correre, rincorrere, cercare, collaborare e molto altro...

Come potrei divertirmi oggi?

> Nessun animale è felice di vivere chiuso in una gabbia. Grazie a Internet e TV possiamo vedere qualsiasi specie animale nel proprio habitat. Chi ama gli animali non ama gli zoo e tanto meno i circhi, dove gli animali vengono ridicolizzati.

Se permetterete al cane di soddisfare anche queste esigenze non tarderete a vederne gli effetti positivi sulla sua salute e sul suo umore. Ma non soltanto: il vostro cane vi manifesterà affetto e gratitudine, e tra di voi si creerà un legame speciale!

Prima di soffermarci sulle attività che possiamo fare con il nostro amico a quattro zampe, vorrei parlarvi di alcuni strumenti che vi permetteranno di vivere questi momenti ludici in sicurezza e serenità e che in generale possono migliorare il benessere del vostro cane.

LA PETTORINA AD H

Indossare tutto il giorno un collare che limita i movimenti di testa e collo può essere molto frustrante per i cani, oltre che pericoloso: se sono grandi "tiratori al guinzaglio" alla lunga rischiano di soffocarsi.

Ancora più sconsigliabile è il collare a strozzo. Si tratta di uno strumento violento e del tutto inutile per l'educazione

Guardate che differenza! Le maglie del collare a strozzo premono sulla gola del cane, mentre con la pettorina può annusare liberamente senza esercitare trazione al guinzaglio. L'attacco del guinzaglio è proprio in asse con il baricentro del cane: trattenerlo vi costerà meno fatica!

di qualunque tipo di cane e può causare seri danni alla salute, come, per esempio, problemi di respirazione, problemi alla colonna vertebrale, lesioni dei vasi sanguigni degli occhi, svenimenti e lesioni alla trachea.
Per questo motivo **suggerisco sempre di usare la pettorina ad H**, ossia un'imbracatura resistente che consente di controllare il cane senza procurargli dolore o danni fisici e garantendogli contemporaneamente una totale libertà di movimento e, quindi, di comunicazione.
Non credete a chi dice che la pettorina ad H permetta al cane di tirare di più il guinzaglio o addirittura che pregiudichi il corretto sviluppo nei cuccioli: i vantaggi offerti da questa scelta sono innumerevoli e sono certo che, se la proverete, sarete d'accordo con me… e con il vostro cane!

Un altro importante accorgimento è quello di utilizzare un guinzaglio lungo almeno 2 metri, ma privo di anelli in modo che il vostro cane possa muoversi con maggiore libertà durante le passeggiate senza essere strattonato, nemmeno per sbaglio, quando si ferma ad annusare o a guardare qualcosa. Molto spesso, infatti, ci capita di tirare o strattonare il nostro cane perché non ci accorgiamo immediatamente che si è fermato. Queste piccole distrazioni non lo aiutano a rilassarsi e a godersi la passeggiata e, a dirla tutta, non aiutano nemmeno noi da questo punto di vista.

Ecco come far indossare una pettorina al vostro cane.

Altre volte invece il nostro cane vorrebbe allontanarsi solo di qualche passo per annusare qualcosa vicino a noi o camminare pochi metri avanti poiché la sua andatura è più rapida della nostra, ed ecco che un guinzaglio lungo almeno 2 metri può garantirgli questa libertà.

Credetemi: a volte bastano davvero pochi accorgimenti per migliorare il benessere del nostro cane, soprattutto durante le uscite.

IL GIARDINO

Il giardino può essere d'aiuto nella gestione quotidiana. Tuttavia dobbiamo assicurarci che il cane non sia esposto a troppi stimoli (come il passaggio continuo di persone o di altri cani all'esterno) altrimenti trascorrerà la giornata ad abbaiare e diventerà nervoso.
Per evitare che accada basta coprire la recinzione con un telo oscurante, perché come dice il proverbio: «Occhio non vede… cuore non duole!»
Infine ricordatevi che se il cane non può uscire ogni giorno a passeggio, anche il giardino più vasto e ricco di piante diventerà presto una triste prigione!

Scegliere di usare la pettorina ad H e un guinzaglio lungo almeno 2 metri sono sicuramente tra i più importanti: il vostro cane ne sarà felice e anche voi noterete la differenza.

LE PASSEGGIATE QUOTIDIANE

Tutti i cani, anche i più piccoli di taglia e quelli che hanno a disposizione un giardino, **hanno bisogno di uscire almeno tre volte al giorno a fare una passeggiata**.
È importante mantenere questa abitudine anche quando le condizioni climatiche non sono favorevoli, soprattutto con i cani di città. Anche i più fortunati, infatti,

sono costretti a trascorrere molte ore in casa, il più delle volte da soli senza potersi dedicare ad alcuna attività. Capite bene che per loro ogni passeggiata rappresenta una vera e propria "ora d'aria"!

> **MEGLIO UN PO' DI PIOGGIA CHE TROPPO SOLE...**
>
> La maggior parte dei proprietari tende a ridurre le passeggiate quando fa freddo o piove, ma il maltempo rappresenta un problema più per noi che per i nostri amici a quattro zampe. È bene, invece, prendere qualche cautela in più nelle giornate calde:
> - uscite nelle ore fresche;
> - camminate sempre all'ombra o, meglio ancora, sull'erba;
> - non fate stancare troppo il vostro cane;
> - portate sempre con voi dell'acqua fresca per dissetarlo e, all'occorrenza, rinfrescarlo bagnando corpo, testa e zampe.

Inoltre non dobbiamo limitarci a portare fuori il nostro cane solo per permettergli di fare i bisogni e, nel migliore dei casi, per gettarlo nella mischia dell'"area-cani" più vicina. Rischieremmo di appartenere alla categoria di chi possiede un cane e non a quella di chi è amico del proprio cane!
Almeno due delle uscite quotidiane, quindi, devono essere dedicate esclusivamente a lui. Non possiamo considerare "valide" le uscite in cui il cane ci accompagna a fare com-

missioni o in qualsiasi altro luogo "per umani".

Ai cani di sicuro non piace passeggiare su marciapiedi trafficati e rumorosi, guardare le vetrine, né tantomeno aspettare fuori dalle scuole, dove tanti altri bambini potrebbero accarezzarli contro il loro volere.

A questo proposito, **dobbiamo lasciare ai nostri cani il tempo di fermarsi ad annusare** ciò che attira la loro attenzione, perché attraverso l'olfatto ricavano informazioni importanti su chi è passato prima. Per loro, fiutare il terreno è come leggere il giornale e scoprire che cosa è successo nei paraggi. Questa abitudine permette loro di rimanere in contatto con gli altri cani che vivono nella zona, e li fa sentire più sicuri negli ambienti che frequentano e quindi più rilassati nella vita in generale.

Anche voi vi sentireste spaesati se vi impedissero di inviare e ricevere messaggi dai vostri amici

Nella foto in alto il guinzaglio corto e il collare limitano notevolmente i movimenti del cane, mentre nella foto qui sopra Shaka è libero di muoversi e di annusare.

o di consultare Internet per sapere cosa succede nel mondo, non credete? Quindi, non strattonate il vostro cane quando rallenta per annusare qualcosa.

Durante le uscite principali fate in modo che il cane interagisca con voi per circa un terzo del tempo e poi lasciatelo libero di giocare con i suoi simili o semplicemente di annusare qua e là.

Finché non siete arrivati in una zona sicura, tenetelo al guinzaglio. E accarezzatelo mentre aspetta di fianco a voi prima di attraversare la strada.

In seguito alternate momenti di libertà a momenti di gioco e coccole. Dedicate del tempo anche all'impostazione e al ripasso degli esercizi di educazione: come vedremo nei prossimi capitoli sessioni brevi e divertenti sono il segreto per ottenere risultati sorprendenti!

Se avete un cane socievole potete permettergli di interagire con i suoi simili, ma sempre nel modo giusto. Lasciate

IL RICHIAMO

Il richiamo è senza dubbio l'esercizio più importante che possiamo insegnare al cane perché ci permette di liberarlo in totale sicurezza. Individuate un luogo privo di distrazioni e possibilmente recintato. In alternativa potete assicurarlo a una corda lunga almeno 5 o 10 metri. Portate con voi del cibo a lui molto gradito. Prima di cominciare, accertatevi che il cane non sia troppo distratto né troppo lontano, quindi abbassatevi e chiamatelo pronunciando il suo nome seguito dalla parola «Vieni». Aspettate che si avvicini, senza richiamarlo insistentemente, poi lodatelo e dategli un bocconcino. Lasciatelo libero di allontanarsi e dopo un po' riprovate.

Pian piano potrete aumentare le distanze ed esercitarvi in luoghi più aperti, ma ricordate di fare un passo alla volta!

che comunichi liberamente con altri cani, senza tenerlo al guinzaglio. Non liberatelo in aree sovraffollate, perché quando si crea troppa confusione aumenta il rischio che i cani non si capiscano e che possano litigare o spaventarsi. Inoltre, se nelle vicinanze ci sono altri cani, evitate di proporgli giochi o cibo che potrebbero essere motivo di competizione.

Infine ricordatevi di non chiamare il vostro cane soltanto quando è ora di andar via, ma di sfruttare questi momenti di libertà per esercitarvi nel richiamo.

Molti cani amano il gioco fisico, ma è importante evitare che si eccitino troppo: alla lunga i cani tendono a perdere il controllo e le conseguenze potrebbero essere spiacevoli.

Un luogo comune che sono costretto a smentire molto spesso è la convinzione che il modo migliore per far stancare il proprio cane sia quello di lasciarlo correre in maniera sfrenata con altri cani o dietro una pallina.

Niente di più sbagliato! Proprio come accade a noi esseri umani, se da un lato l'attività fisica li affatica, dall'altro ha l'effetto di eccitarli e quindi di ostacolare il rilassamento e di ritardare il sonno.

I cani, poi, sono atleti per natura, e non si stancano facilmente. Se proponete loro solo attività senza freni senza lasciare che si dedichino anche ad attività più rilassanti, è molto facile che decideranno di proseguire l'allenamento a casa masticando il divano o il tappeto!

Chiariamoci: non c'è niente di male nel far rincorrere la pallina al vostro cane, sempre che lui si dimostri interessato. Ma è importante sapere che non tutti i cani amano

rincorrere e riportare un gioco (così come voi e i vostri amici praticate giochi e sport differenti) e che ci sono tanti altri giochi che potreste fare con lui.
Nei prossimi paragrafi troverete alcuni esempi di come potete divertirvi con i vostri cani.

NASCONDINO

1 Chiedete ai vostri genitori di tenere il cane al guinzaglio (quest'ultimo dovrà essere legato alla pettorina, perché se il cane dovesse tirare mentre vi nascondete si farebbe male al collo).

Cosa occorre:
- guinzaglio e pettorina;
- un luogo sicuro dove poter liberare il cane e in cui vi potete nascondere (NON l'area cani);
- bocconcini prelibati.

2 Quindi, prendete una manciata di bocconcini e fateli annusare al vostro cane (se volete potete anche dargliene qualcuno sulla fiducia!). Non appena si dimostra interessato scappate a nascondervi dietro un albero o un cespuglio.

3 Quando sarete pronti, i vostri genitori devono chiedere al cane di cercarvi e liberarlo.

4 Appena vi raggiunge, ditegli «Bravo» e dategli tutti i bocconcini che si merita facendoglieli mangiare dalle vostre mani o sparpagliandoli ai vostri piedi, così che si diverta a cercarli sul prato.

Le prime volte nascondetevi mentre il cane vi guarda: d'altronde deve imparare un gioco nuovo ed è giusto aiutarlo! Ma quando sarà diventato molto bravo, potrete fingere di nascondervi dietro un albero e da quella posizione spostarvi (per esempio, dietro un altro albero) senza che lui se ne accorga. L'importante è che vi veda allontanarvi e che, prima di lasciarlo andare, i vostri genitori gli chiedano di venirvi a cercare, usando sempre la stessa frase, pronunciata chiaramente e in tono allegro!

Ovviamente potete fare lo stesso gioco anche in casa, nascondendovi in una stanza diversa da quella in cui si trova il cane e via via aumentare la difficoltà, nascondendovi dietro a una porta o anche dentro un armadio mentre i vostri genitori tengono il cane dalla pettorina.
Per rendere il gioco ancora più difficile lasciate che si nascondano anche i vostri genitori. Di volta in volta chiedete al cane «Dov'è la mamma?», «Dov'è il papà?», così imparerà a cercarvi tutti. Quando sarà diventato davvero bravo, potrete nascondervi senza che se ne accorga.

CACCIA AL TESORO

1 Chiedete ai vostri genitori di tenere il cane al guinzaglio (quest'ultimo dovrà essere agganciato alla pettorina).

Cosa occorre:
- guinzaglio e pettorina;
- un luogo sicuro dove poter liberare il cane e in cui vi potete nascondere (NON l'area cani);
- il gioco preferito del vostro cane.

2 Mostrate al cane il suo gioco preferito e quando si dimostra interessato andate a nasconderlo nell'erba davanti a lui; poi, mentre tornate dal vostro cane, fingete di nascondere il gioco in altri punti, al massimo due volte.

3 Quindi, mettetevi di fianco al vostro cane e ditegli «Cerca» in tono allegro. A quel punto, i vostri genitori dovranno liberarlo.

4 Appena il cane trova il gioco ditegli «Bravo», ma non cercate di prenderglielo: è il suo tesoro, l'ha trovato ed è giusto che lo tenga almeno per un po'.

Se si rifiuta di lasciarlo, non è un problema, significa solo che deve imparare il "riporto", un'azione che non tutti i cani eseguono spontaneamente e volentieri.
Non arrabbiatevi, quindi: mostrate al cane dei bocconcini prelibati e quando si dimostra così interessato da abbandonare il gioco, spargeteli davanti a voi. Il cane si sposterà per mangiarli e voi avrete il tempo e lo spazio per recupe-

rare il gioco senza doverglielo rubare. Appena avrà finito di mangiare i bocconcini potrete ricominciare.

Se il vostro cane non ha un gioco preferito o non tiene facilmente oggetti in bocca, potete usare come "tesoro" qualche bocconcino. Il cane si divertirà lo stesso e tornerà scodinzolante verso di voi non appena avrà finito di mangiare il suo premio.

Ovviamente potete fare lo stesso gioco anche in casa, nascondendo il gioco o il cibo in un'altra stanza. Per aumentare la difficoltà, posizionatelo dietro le gambe del tavolo o dietro una porta, oppure su un piano leggermente rialzato (per esempio una sedia o una mensola della libreria). L'importante è che il cane possa arrivare al tesoro senza sforzo e senza correre rischi.

APRI LO SCRIGNO

1 Chiedete ai vostri genitori di tenere il cane al guinzaglio (che dovrà essere agganciato alla pettorina) mentre voi posizionate il cinesino a un paio di passi di distanza.

Cosa occorre:
- guinzaglio e pettorina;
- almeno 3 "cinesini" (coni forati) in plastica;
- bocconcini prelibati.

2 Prendete una manciata di bocconcini e fateglieli annusare (se volete potete anche dargliene qualcuno sulla fiducia!).

3 Quando si dimostra interessato al cibo allontanatevi di qualche passo e nascondete i bocconcini sotto il cinesino. Poi tornate dal vostro cane e liberatelo.

4 A quel punto il cane si avvicinerà al cinesino e farà di tutto per prendere i bocconcini. Non c'è un metodo migliore di un altro per riuscirci: dovrete lasciare al cane la possibilità di sperimentare più strategie senza mettergli fretta. Non sgridatelo se prova a masticare il cinesino in gomma. Se non riesce a spostarlo o a ribaltarlo con le zampe, è normale che tenti anche di afferrarlo con la bocca. Ricordatevi che i cani usano la bocca come noi usiamo le mani.

5 Quando avrà raggiunto il cibo ditegli «Bravo», richiamatelo e riagganciatelo al guinzaglio.

Potete riproporgli il gioco altre quattro o cinque volte prima di fare una pausa.

Quando il cane avrà imparato a conquistarsi velocemente il cibo potrete rendere la sfida più avvincente.

Allontanatevi, posizionate a terra tre cinesini e nascondete il cibo sotto un paio di cinesini al massimo. Così il cane imparerà anche a fiutare gli "scrigni" per capire dove si trova il tesoro.

Quando sarà diventato davvero bravo potrete realizzare un vero e proprio percorso. Partite dal punto in cui è posizionato il cane (che sarà sempre tenuto al guinzaglio dai vostri genitori) e disponete a terra fino a dieci cinesini. Nascondete i bocconcini sotto la metà degli scrigni utilizzati. Vi consiglio di nascondere sempre il cibo sotto il primo e l'ultimo cinesino del percorso e di distribuire i bocconcini restanti a caso.

PERCORSO A OSTACOLI

Mentre passeggiate con il vostro cane fate in modo che il percorso risulti divertente e stimolante sfruttando gli ostacoli naturali che incontrate sulla strada.

1 Se per esempio passate vicino a una panchina saliteci sopra e chiedete al vostro cane di fare lo stesso. Lui salterà sulla panchina come un vero atleta o si limiterà ad appoggiarvi sopra le zampe anteriori. In ogni caso ditegli «Bravo» e premiatelo con un

Cosa occorre:
- guinzaglio e pettorina;
- un luogo in cui siano presenti panchine, panettoni in cemento, dissuasori di parcheggio e altri "ostacoli naturali";
- bocconcini prelibati.

bocconcino. Quindi saltate giù e invitate il vostro cane a raggiungervi. Quando vi raggiunge ditegli «Bravo» e fategli le coccole.

2 Se trovate un panettone (o anche un palo o un albero), invitate il vostro cane a compiere un giro completo attorno all'ostacolo. Per riuscirci, tenete un bocconcino tra le dita e guidatelo nel percorso che deve compiere. Quando sarà davvero bravo, riuscirà a eseguire l'esercizio anche senza la vostra guida. Alla fine premiatelo sempre con un bocconcino.

3 Se vi imbattete in qualche barriera o steccato provate a farci passare sotto il cane, controllando che ci sia abbastanza spazio e che non rischi di spaventarsi o di farsi male. Non abbiate fretta e, se siete abbastanza agili e coraggiosi, provate a passare prima voi per indicargli la strada e poi chiamatelo. Appena supera anche questo ostacolo ditegli «Bravo» e premiatelo!

4 Se incontrate delle scale, infine, provate a salire e scendere con il vostro cane. Oppure camminate con lui su un gradino, percorrendolo in tutta la sua lunghezza, da destra a sinistra o viceversa, e poi proseguite in senso opposto sul successivo. In questo modo il vostro cane si cimenterà anche in una piccola prova di equilibrio.

Quando siamo a passeggio con il cane dobbiamo solo dare sfogo alla nostra fantasia e sfruttare tutto quello che l'ambiente ci offre per metterci alla prova assieme a lui.
Ho scritto "metterCI" perché per il nostro cane qualsiasi esercizio sarà ancora più bello e divertente se potrà farlo insieme a noi. E poi un po' di ginnastica non può che farci bene, non credete?

Esercitarsi durante le passeggiate, sfruttando ostacoli urbani o naturali, non è solo un modo per stare bene con il proprio cane, ma serve anche a renderlo più sicuro di sé e degli ambienti che frequenta.
Un cane che sa saltare, appoggiarsi con le zampe, passare

attorno o sotto un ostacolo è un cane che avrà meno difficoltà ad affrontare le piccole sfide della vita quotidiana, come entrare in un ascensore, camminare su una grata o balzare nel bagagliaio di una macchina.

Abbiamo visto che il modo migliore per guadagnarsi l'amicizia e la fiducia di un cane è quello di fare con lui esperienze piacevoli e rassicuranti. A conclusione di questo capitolo, vorrei invece ricordarvi quali luoghi e quali situazioni è meglio evitare per il bene dei nostri amici a quattro zampe.
I cani, anche quelli più socievoli e coraggiosi, non amano i luoghi affollati e rumorosi né quelli in cui hanno poco spazio per muoversi. Mi riferisco ai centri commerciali, ai luna park, ai marciapiedi con tanta gente, agli ingressi delle scuole, ai giardinetti per bambini, ai ristoranti in cui i tavoli sono molto stipati e in cui i cani non hanno modo di sdraiarsi senza essere disturbati, ai concerti o alle feste in cui viene diffusa musica ad alto volume e, soprattutto, agli spettacoli di fuochi d'artificio.
Se amate davvero il vostro cane e desiderate che sia felice, evitate di portarlo in questi luoghi. Fategli fare una bella passeggiata e poi lasciatelo a casa con uno snack da masticare e sarà il cane più felice del mondo, credetemi!

COMUNICARE PER CONOSCERE, CONOSCERE PER RISPETTARE

Comunicare in maniera chiara le proprie idee è il modo migliore per convivere con altre persone e risolvere pacificamente eventuali conflitti.

Noi umani comunichiamo soprattutto attraverso la lingua, parlata o scritta, ma all'occorrenza siamo in grado di comunicare anche in altri modi, per esempio attraverso i gesti o un disegno, a patto che questi segni abbiano lo

stesso significato anche per le persone a cui sono rivolti. Insomma, per poter comunicare è fondamentale condividere lo stesso mezzo di comunicazione. Inoltre **è importante che la comunicazione possa avvenire in due direzioni**.
Mi spiego: immaginate di avere un amico straniero che capisce la vostra lingua, ma non è in grado di parlarla. Finché sarete voi a parlare tutto filerà liscio, ma quando il vostro amico vorrà replicare nella sua lingua, ecco che la comunicazione s'interromperà.
Insomma per comunicare bisogna anche saper ascoltare! Questo è un aspetto da non sottovalutare anche nella relazione con i nostri amici cani. Troppo spesso noi umani pretendiamo che i cani comprendano i nostri messaggi senza che noi facciamo alcuno sforzo per capire i loro.
Un esempio evidente di questo disinteresse sono le dimostrazioni svolte da alcuni addestratori. Durante queste manifestazioni si possono osservare cani che sfilano impeccabili compiendo percorsi a zig-zag e cani che rimangono perfettamente immobili, a fianco del proprietario, in attesa del loro turno. All'apparenza sembrano tutti educatissimi, ma a uno sguardo più attento non si contano le

Ecco cosa succede solitamente durante un'esibizione di bellezza. Nessun cane è felice per questo!

tirate di collare ricevute da ogni cane. Molti di loro, infatti, sono stati addestrati con il collare a strozzo e rimangono immobili soltanto per paura di essere puniti, non certo perché sono contenti di farlo.

Inoltre, per chi conosce il loro linguaggio del corpo, è evidente che molti di quei cani sono a disagio, se non addirittura spaventati. E lo stesso avviene durante le esibizioni canine di bellezza.

Ecco perché ripeto sempre che saper comunicare non significa farsi obbedire.

Questo mi sembra un modo migliore di divertirsi con il proprio cane e dimostrargli il nostro affetto!

Spesso, inoltre, noi umani tendiamo a dare per scontato che gli animali capiscano tutto quello che diciamo e ci ostiniamo a comunicare con loro usando la nostra lingua. Ho incontrato molti clienti preoccupati perché il loro cane non si sedeva alla parola «Seduto» e altri esasperati perché, nonostante si ostinassero a chiamarlo in mille modi diversi, il loro cane non rispondeva al richiamo. A un'indagine attenta, ho scoperto quasi sempre che questi proprietari non si erano mai preoccupati di insegnare ai loro cani il significato delle loro parole.

Avete mai visto una mucca che si siede a comando, un delfino che si avvicina al vostro richiamo o un pappagallo che non spicca il volo se gli urlate «Fermo»?

Il cane non è diverso dagli altri animali. Quando state per chiedere al vostro cane di fare qualcosa, prima domandatevi se gli avete insegnato il significato della vostra richiesta e preparatevi anche all'eventualità che decida di non assecondarvi, pur avendo compreso benissimo che cosa volete. I cani sono animali intelligenti e capaci di prendere decisioni importanti. Capita che scelgano di ignorare le nostre richieste per fare qualcosa di più interessante. Non ci vedo nulla di strano!

Ritornando al linguaggio, dovete sapere che i nostri amici a quattro zampe comunicano attraverso tre sistemi diversi.

Comunicare con gli odori

Il linguaggio canino più importante è quello olfattivo e si basa sugli odori che i cani rilasciano attraverso la pipì, la cacca e i **FEROMONI**.
Questa è la parte più complessa della comunicazione tra cani ed è la più difficile da comprendere per noi umani.
Dovete sapere che i cani non fanno la pipì e la cacca soltanto per rispondere a un'esigenza corporea, ma anche per comunicare informazioni su se stessi (il loro sesso, l'età, lo stato di salute) e sulle loro intenzioni (delimitano un territorio, lasciano tracce per orientarsi, indicano dove hanno mangiato, dichiarano che qualcosa è loro).
In questo caso non si parla di "bisogni" ma di "marcature olfattive".
I cani lasciano marcature olfattive anche quando strofinano al-

> **FEROMONI**
> Feromone è una parola che deriva dalla lingua greca e significa "portatore di ormoni". Gli ormoni sono sostanze chimiche capaci di causare una specifica reazione in chi le percepisce. Nel regno animale i feromoni sono molto utilizzati per comunicare.

cune parti del corpo sul terreno, su un oggetto o su un altro individuo. Avrete notato che spesso si rotolano a terra: ora sapete che non si stanno grattando, ma stanno lasciando il loro odore per comunicare qualcosa a qualcuno. **Questo è il motivo per cui durante le passeggiate i cani si fermano così spesso ad annusare le pipì degli altri cani o in punti in cui per noi non c'è nulla di interessante: stanno "leggendo" i messaggi lasciati da loro simili.** Quando accade, non cercate di fermarli: non è rispettoso e avrebbe come unico risultato quello di rendere i vostri cani più insicuri e nervosi, anche nei confronti degli altri cani.

Naturalmente i cani non sfruttano i loro odori soltanto per lasciare messaggi nell'ambiente, ma anche per comunicare tra loro quando si incontrano. Ecco perché quando due cani si conoscono per prima cosa vogliono annusarsi, a volte vicino al muso, altre volte nelle zone intime. Può capitare che dopo essersi annusati decidano di fare pipì e poi giochino insieme oppure proseguano ognuno per la propria strada. Questo è il loro modo di presentarsi – come

I cani, sia maschi che femmine, marcano per lasciare informazioni importanti sul territorio.

Altre volte lo fanno strofinando parti del loro corpo sul terreno o su un oggetto.

facciamo noi quando stringiamo la mano a qualcuno – ed è importante che possano esprimersi liberamente. Purtroppo la maggior parte dei proprietari, invece, tende a trattenere il cane tirandolo dal guinzaglio e impedendogli di avvicinarsi e annusare i simili.
In questo caso due cani che si incontrano per la prima volta sono costretti a fronteggiarsi guardandosi negli

Marcano anche per presentarsi quando incontrano un altro cane.

PULIZIE… DI PRIMAVERA!

Il pelo del cane ha funzioni ben precise: lo protegge dal freddo e dalla pioggia ma anche dai rovi e dal sole.
Se lavate il cane ogni mese il suo pelo diventerà meno idrorepellente. La pioggia potrebbe non scivolare più sul manto, ma penetrare sino alla pelle rendendo il cane più cagionevole e il pelo maleodorante. Ecco perché lavo i cani al massimo una volta all'anno, usando acqua e un apposito sapone neutro.
Se portate il vostro cane al mare, alla fine della giornata sciacquatelo con acqua dolce, poiché il sale e la sabbia potrebbero irritargli la pelle. Inoltre, se volete proteggerlo dal sole, non tosate mai il vostro cane d'estate anche se ha il pelo lungo o una vera e propria pelliccia come i cani nordici. Limitatevi a spazzolarlo per aiutarlo a perdere il sottopelo.

occhi, senza potersi muovere liberamente: non c'è da stupirsi che nella migliore delle ipotesi si agitino o, nella peggiore, arrivino perfino a litigare!

Se è vero che per i cani gli odori sono così importanti, allora capite bene che lavarli spesso, coprirli con vestitini imbarazzanti e, peggio ancora, profumarli sono vere e proprie mancanze di rispetto nei loro confronti: se amate il vostro cane non fatelo e lui ve ne sarà grato!

Comunicare con i suoni

Oltre che con gli odori i cani comunicano anche emettendo suoni. Ecco un elenco dei suoni principali che utilizzano per inviare messaggi:

- **ABBAIO**: è il suono più utilizzato e, a seconda del tono alto o basso, della frequenza e della durata, può comunicare messaggi diversi. I cani abbaiano per attirare l'attenzione di chi hanno di fronte, per mettere in guardia o per scacciare un intruso, per avvisare la famiglia di una presenza estranea e a volte per esprimere la propria eccitazione, come facciamo noi quando urliamo e corriamo felici insieme agli amici. Una curiosità: i lupi emettono gli stessi suoni dei cani per comunicare, a eccezione dell'abbaio.

- **ULULATO**: è il suono con cui i cani richiamano il resto della famiglia o comunicano la loro posizione in caso si siano persi.

- **GUAITO**: serve a comunicare dolore o paura.

- **RINGHIO**: è il suono che il cane emette quando si trova in una situazione che lo disturba pesantemente o lo impaurisce. **Non è una minaccia, ma un avvertimento.** Il significato di un ringhio, infatti, non è "ora ti mordo", ma "smettila di comportarti così, altrimenti potrei morderti".

L'ULULATO DEI CANI

Così come i lupi ululano quando si sono persi, alcuni cani ululano quando rimangono da soli. Inoltre, essendo animali molto sensibili, i cani tendono a rispondere al richiamo dei loro simili che chiedono aiuto. Ecco perché alcuni ululano quando sentono una sirena in lontananza: probabilmente la confondono con un ululato!
Se il vostro cane ha questo comportamento non sgridatelo: la sua è una dimostrazione di sensibilità e altruismo!

Comunicare con il corpo

Infine, i cani comunicano anche attraverso il linguaggio del corpo. Questo è il motivo per cui sono osservatori abilissimi e scrupolosi, capaci di leggere le nostre emozioni e le nostre intenzioni in tempi rapidi e senza bisogno di sentirci parlare. Per comunicare con i nostri amici a quattro zampe, quindi, dobbiamo cercare di essere altrettanto bravi a interpretare i loro comportamenti. È importante osservare contemporaneamente il movimento di alcune parti del corpo, la mimica facciale e la postura.
Le **parti del corpo** da tenere in considerazione sono:

1 la bocca (in particolare se è aperta o chiusa, e le labbra);
2 gli occhi;
3 le orecchie;
4 il collo;
5 le zampe;
6 la coda.

Le **mimiche facciali** sono le espressioni che il muso del cane è in grado di assumere.

Le **posture** sono le posizioni che il corpo assume in base ai messaggi che il cane vuole comunicare.

Tagliare le orecchie e la coda a un cane è una pratica ingiusta e brutale perché, oltre a essere dolorosa, compromette la sua capacità di comunicare correttamente. Per questo motivo anche in Italia è vietata dalla legge!

I cani modificano la forma, i movimenti e la posizione del corpo a seconda dell'umore. Per esempio, quando si trovano di fronte a qualcuno o qualcosa che attira la loro attenzione mostrano generalmente un atteggiamento attento e curioso. Ma se l'oggetto delle loro attenzioni si rivela una minaccia verso cui vogliono mostrare sicurezza, allora potrebbero abbaiare, ringhiare, irrigidire il corpo e cercare di sembrare più grandi di quanto non siano in realtà.

Non dimenticate però che, proprio come i bulli a scuola, anche un cane può avere degli atteggiamenti di sfida, se non addirittura aggressivi, soltanto per nascondere una profonda insicurezza e un'incapacità di comunicare correttamente.

Alcuni cani, invece, non fanno niente per nascondere la loro insicurezza e si atteggiano in modo da sembrare più piccoli e, quindi, meno minacciosi. Il loro scopo è evitare un'eventuale aggressione.

Cercate di non sottovalutare nessuna di queste reazioni, aggressive o remissive che siano. Sono come avvisi che ci vengono inviati dai cani: se non li rispettiamo, i cani possono cambiare intenzione molto velocemente.

Anche il più piccolo e insicuro dei cani, infatti, non esiterebbe a mordere, se dovesse sentirsi minacciato!

Ecco perché ripeto spesso che l'unico cane che sicuramente non morderà mai è il cane di peluche.

Ecco l'unico cane che non morderà mai! Non sporca, non abbaia, non va portato a spasso e lo si può tenere in braccio ogni volta che si desidera... Per tutto il resto c'è il cane vero!

Ora impariamo insieme a riconoscere le mimiche e le posture associate ai vari stati d'animo dei cani, guardando qualche foto.

Tenete sempre presente che esistono grandi differenze tra le varie razze create dall'uomo, quindi, per farvi un esempio, le orecchie e la coda di un segugio non potranno mai muoversi come quelle di un cane nordico o assumerne la stessa posizione.

Sentinella (a sinistra) è rilassato: sdraiato a terra vicino alla sua palla con la bocca spalancata e le orecchie in avanti. Shaka (a destra) mostra una postura sicura. Nella stessa posizione, ma con la bocca chiusa e la coda vibrante, potrebbe essere l'inizio di una minaccia.

IDENTIKIT DI UN CANE RILASSATO

• Bocca aperta (potrebbe chiudersi nel momento in cui annusa).
• Occhi aperti.
• Orecchie in posizione naturale (non particolarmente protratte in avanti o indietro).
• Collo orizzontale e morbido.
• Zampe in posizione normale.
• Coda in posizione normale.
• Movimenti del corpo fluidi.

IDENTIKIT DI UN CANE FELICE

• Bocca aperta (a volte assume una piega per cui sembra quasi che il cane sorrida).
• Occhi aperti.
• Orecchie in posizione naturale e leggermente tese in avanti.
• Collo orizzontale e mobile.
• Zampe in posizione normale.
• Coda in posizione orizzontale o alta e il cane scodinzola.
• I suoi movimenti esprimono gioia.

IDENTIKIT DI UN CANE INTIMORITO

• Bocca chiusa (potrebbe leccarsi il naso).

• Occhi sbarrati (ma potrebbe chiuderli o sbattere le palpebre se teme di essere picchiato).

• Orecchie portate indietro.

• Collo piegato verso il basso.

• Zampe leggermente flesse.

• Coda in posizione bassa (potrebbe scodinzolare leggermente muovendo la punta della coda).

• Potrebbe acquattarsi e rimanere fermo, indietreggiare lentamente, sgattaiolare nervosamente e infine arrivare a fuggire.

IDENTIKIT DI UN CANE MOLTO SPAVENTATO

• Bocca chiusa (il cane potrebbe anche ansimare e sbavare).

• Occhi spalancati (potrebbe sbattere le palpebre e corrugare la fronte).

• Orecchie portate indietro.

• Collo rigido e teso verso il basso.

• Zampe flesse (una delle zampe superiori sollevata).

• Coda in posizione bassa o tra le zampe posteriori.

• Tende a immobilizzarsi o addirittura a schiacciarsi al suolo rovesciandosi su un fianco, oppure cerca di fuggire.

Se un cane sconosciuto ha questo comportamento non avvicinatevi!
Quando un cane si comporta così significa che è davvero terrorizzato e, qualora si sentisse ulteriormente minacciato e non riuscisse ad allontanarsi, non avrebbe altra scelta che mordere.

Se il vostro cane ha questo comportamento non accarezzatelo insistentemente e soprattutto non abbracciatelo!
A chiunque verrebbe spontaneo tentare di rassicurare un animale spaventato con coccole e parole d'affetto, ma un cane impaurito potrebbe fraintendere il vostro intento e sentirsi ancora più in pericolo.

IDENTIKIT DI UN CANE SICURO DI SÉ

- Bocca chiusa.
- Occhi aperti e sguardo fisso.
- Orecchie erette e protese in avanti.
- Collo rigido e proteso in avanti.
- Zampe distese e rigide.
- Coda alta e vibrante.
- Vuole dimostrare di sentirsi sicuro di sé, pertanto assume un aspetto statuario e cerca di apparire più grande di quanto non sia.

IDENTIKIT DI UN CANE MINACCIOSO

- Bocca semichiusa o aperta per scoprire i denti (minaccia più evidente).
- Labbra anteriori sollevate per mostrare i denti.
- Occhi aperti e sguardo fisso.
- Orecchie tese in avanti.
- Collo rigido e teso in avanti.
- Zampe distese e rigide, ma potrebbe anche rimanere sdraiato o seduto e mantenere la posizione.
- Coda in posizione alta (vibra o viene agitata velocemente).
- Potrebbe ringhiare e muoversi lentamente verso chi lo fronteggia oppure, se è legato al guinzaglio o si trova dietro un cancello, potrebbe abbaiare e correre avanti e indietro.

QUANDO IL CANE RINGHIA

Se il vostro cane si dimostra spaventato e ringhia, potrebbe esserci un problema da risolvere. Rivolgetevi senza indugio a un istruttore cinofilo, ma evitate chi utilizza i collari a strozzo: la violenza genera solo altra violenza. Inoltre ricordate che un problema comportamentale non è espressione di maleducazione, per cui non vi serve un percorso d'obbedienza. Il vostro cane non è maleducato: sta esprimendo un disagio e quindi va aiutato, non addestrato!

Se un cane sconosciuto ha questo comportamento non avvicinatevi! Se il vostro cane ha questo comportamento non sgridatelo!

Potreste scatenare una reazione aggressiva. Piuttosto allontanatevi lentamente, senza dare le spalle al cane, mettetevi al sicuro e lasciate che si tranquillizzi. Questa è una situazione per cui vi consiglio di rivolgervi immediatamente a un istruttore cinofilo.

Sally dimostra di non gradire l'avvicinamento di Arturo: gli occhi sono semichiusi, la bocca è serrata, la coda e lo sguardo sono bassi, la schiena curva, una delle zampe anteriori è alzata in segno di pacificazione e... visto che il messaggio non viene ascoltato decide di cambiare strategia e minacciare Arturo.

I segnali di stress

Sono certo che avrete notato che le persone tendono ad assumere comportamenti simili quando sono in difficoltà: c'è chi si mangia le unghie, chi gioca nervosamente con i capelli, chi strizza la bocca, chi alliscia le pieghe dei vestiti... Se diventerete bravi a osservare i cani noterete che anche loro, quando sono a disagio, tendono a esibire comportamenti ben precisi. Imparate a riconoscerli per poter comprendere cosa non piace o spaventa il vostro amico a quattro zampe.

Se, per esempio, al ristorante il vostro cane si addormenta pacificamente sulla sua copertina, di sicuro non si sente a disagio. Ma se invece fa fatica a rilassarsi ed esibisce uno dei comportamenti elencati sotto, allora state pur certi che non si trova a suo agio.

Ecco un breve elenco di cosa fanno i cani quando vivono una situazione stressante:

- **Ansimano.**
- **Sbavano** (non mi riferisco all'acquolina collosa che cola dalla parte posteriore della bocca quando sono ingolositi, ma a una specie di schiuma bianca che compare sulle labbra).
- **Sbadigliano.**
- **Tremano.**
- **Si grattano insistentemente** (di solito lo fanno quando non capiscono una situazione o una richiesta).
- **Sbattono insistentemente le palpebre.**

- **Si leccano il naso.**
- **Alzano una zampa anteriore.**
- **Si leccano insistentemente le zampe.**
- **Girano la testa per non guardare direttamente l'individuo che li spaventa** (ecco perché è sbagliato obbligare i cani a guardarci quando li rimproveriamo).
- **Tirano insistentemente il guinzaglio.**

Infine, come abbiamo visto, i cani tendono a rilassarsi masticando. Se a volte, quando rientrate a casa, trovate qualche oggetto smangiucchiato o addirittura distrutto, sappiate che il vostro cane non ha voluto farvi un dispetto ma probabilmente **ha semplicemente cercato di superare un momento di difficoltà**. Forse ha passato troppo tempo da solo senza niente da fare. Per aiutarlo cercate di dedicargli più tempo e di aumentare la durata e la frequenza delle passeggiate giornaliere e ricordatevi di lasciargli uno snack da masticare quando andate via. Se però la situazione non dovesse migliorare, allora vi invito a rivolgervi a un istruttore cinofilo.

Altri cani, in momenti di difficoltà emotiva, sentono il bisogno di fare cacca e pipì (lo facciamo anche noi umani). Ecco spiegato perché sporcano in casa quando restano soli. Anche in questo caso non si tratta di dispetti, ma di una manifestazione di malessere che non dovete sottovalutare: chiedete aiuto a un istruttore cinofilo.

L'invito al gioco

Il gioco è un'attività fondamentale per il benessere psicofisico dei cani perché permette loro di conoscere il proprio corpo, di scaricare energie e soprattutto di creare relazioni profonde. È giocando assieme che ci conosciamo e diventiamo amici, vale per noi come per i nostri amici a quattro zampe.

I cani giocano fra di loro soprattutto simulando una lotta o un inseguimento. Per evitare fraintendimenti e liti con i loro simili hanno sviluppato un comportamento che esibiscono sia all'inizio che durante il gioco. Si chiama "invito al gioco" e il suo significato è: «Vorrei divertirmi con te! Tutto quello che faremo d'ora in poi è solo un gioco!»

Quando un cane vuole convincere un suo simile, noi o un altro animale (per esempio il gatto con cui convive) a giocare con lui, fa una sorta di inchino, che potrebbe ripetere compiendo piccoli salti in avanti o laterali. A volte abbaia in tono acuto. La postura e la mimica facciale sono caratterizzate da:

- **Bocca leggermente aperta.**
- **Occhi aperti.**
- **Orecchie in posizione normale. Collo che si abbassa quasi a toccare il suolo.**
- **Zampe anteriori distese e appoggiate a terra dal gomito in giù.**
- **Zampe posteriori leggermente flesse.**
- **Coda in posizione alta o orizzontale, che si agita velocemente.**

Quando due cani giocano tra loro è importante che facciano delle pause e che si scambino i ruoli (soprattutto quando si rincorrono o fanno la lotta). Non tutti i cani, però, sanno rispettare le regole, per cui è importante osservarli mentre giocano. Se notate che il vostro cane rin-

corre un altro amico a quattro zampe senza dargli mai tregua, chiedete ai vostri genitori di intervenire per fermare il gioco e aiutarlo a rilassarsi. Non c'è bisogno di arrabbiarsi, a volte basta invitarlo a fare una passeggiata perché si dedichi ad annusare qualcosa di nuovo e dimentichi quello che stava facendo.
Dovrete fare lo stesso a parti invertite per dimostrare al vostro amico che vi prendete cura di lui anche quando un altro cane è scorretto nei suoi confronti.

Qualche errore di comunicazione

Poiché comunichiamo usando linguaggi diversi, le incomprensioni tra uomo e cane sono frequenti e a volte causano episodi spiacevoli. In questo paragrafo vi illustrerò gli equivoci più comuni.

1. Non è vero che il cane è contento ogni volta che scodinzola!

I cani muovono la coda sia quando sono felici, per invitarci a giocare e per esprimerci il loro affetto, ma anche quando vogliono apparire minacciosi e si preparano ad aggredire.
È più corretto, quindi, dire che il cane scodinzola quando è eccitato e che le cause di questa eccitazione possono essere tante, così come i comportamenti che potrebbe mettere in atto successivamente.
Conosco tante persone che sono state morse dopo essersi avvicinate a un cane che scodinzolava. In alcuni casi, i cani in questione si trovavano dietro un cancello e probabilmente scodinzolavano perché allertati dalla presenza di un intruso. In altri casi, i cani erano sdraiati nella cuccia o accanto a qualcosa di importante per loro, come un gioco o uno snack da masticare. Anche per questi cani lo scodinzolio non era una manifestazione di gioia, ma un segno di allerta e il preludio di una minaccia.

2. È sbagliato accarezzare i cani sulla testa, abbracciarli o costringerli a stare in braccio!

Immaginate per un attimo di incontrare una persona alta il doppio di voi che, incurante di questa differenza, vi si avvicini, si chini su di voi, vi appoggi una mano sulla fronte e magari cerchi di abbracciarvi o sollevarvi. Sono sicuro che non sareste a vostro agio e, come minimo, provereste a scappare e forse addirittura a... mordere!

Allo stesso modo i cani non amano essere accarezzati dagli sconosciuti, soprattutto se questi si avvicinano frontalmente, li guardano fisso negli occhi, si chinano su di loro e infine posano una mano sulla loro testa: nulla di più sbagliato e pericoloso!

I cani, al contrario di noi, si fissano raramente negli occhi, perché questo atteggiamento è per lo più un segno di sfida. Non amano nemmeno essere sovrastati da un essere umano né tantomeno essere accarezzati sulla testa, un gesto minaccio-

Riccardo si avvicina senza farsi notare e accarezza Sentinella sulla testa. Nonostante siano amici, Sentinella dimostra di non gradire e di essere a disagio serrando la bocca, abbassando la coda e tirando indietro le orecchie! Un cane meno sicuro in questa occasione avrebbe potuto mordere!

so e invasivo che copre loro la visuale. Nel linguaggio dei cani, infine, appoggiare il muso o una zampa sopra un altro cane è una forma di **CONTROLLO**.

> **CONTROLLO** I cani amano essere accarezzati sul petto, sulla parte del collo dietro alle orecchie e lungo i fianchi. Inoltre la maggior parte di loro adora i "grattini" sulla parte finale della schiena, proprio dove si trova l'attacco della coda. Mentre la coda e le zampe sono zone molto delicate e "personali" che è meglio evitare.

Prima di avvicinarvi a un cane quindi:

1 Fermatevi sempre a qualche metro di distanza.
2 Evitate di fissarlo negli occhi e di muovervi a scatti.
3 Chiedete il permesso al suo proprietario.
4 Se acconsente, avvicinatevi lateralmente.
5 Fatevi annusare una mano e, in base alla reazione del cane, decidete se accarezzarlo o meno.
6 Se si avvicinerà offrendovi il fianco vorrà dire che si fida di voi e che vuole essere accarezzato. Se rimarrà a distanza, significa che è un cane un po' più riservato e dovrete rispettarlo.

Se per i cani una mano sulla testa è un gesto invasivo, potete immaginare quanto sia fastidioso per loro essere abbracciati o, peggio ancora, presi in braccio! Questi gesti sono vissuti come minacce. Alcuni le subiscono senza lamentarsi (ma non necessariamente le apprezzano, anzi...), altri potrebbero decidere di dimostrare tutto il loro disappunto.

Nella sequenza da sinistra: Riccardo si ferma e chiede, si fa annusare, infine si sposta lateralmente e accarezza Sentinella sul petto.

Anche io dormo spesso abbracciato ai miei cani, ma solo perché sono loro a venirsi a sdraiare al mio fianco, e non mi sognerei mai di prenderli in braccio mentre sono nella loro cuccia o impegnati a fare altro, per portarli a nanna con me. Allo stesso modo, immagino che il vostro cane sappia perfettamente che se lo accarezzate sulla testa non lo fate per dimostrargli la vostra superiorità e che se lo guardate dritto negli occhi non lo state sfidando.

Quando incontrate un cane sconosciuto non fate mai quello che fate di solito con il vostro amico a quattro zampe!

3 Non è vero che "can che abbaia non morde"!

Sarei davvero curioso di sapere chi ha diffuso questa bugia perché non è affatto vero che un cane che abbaia non abbia intenzione di mordere. Abbiamo visto che l'abbaio è solo una delle forme di comunicazione che i cani possiedono e spesso è la più utilizzata per avvisare un estraneo che la sua presenza è stata percepita. Se il cane intende allontanare l'intruso, aumenterà la frequenza dell'abbaio e assumerà una postura e una mimica facciale minacciose, ma se lo sconosciuto non dovesse allontanarsi allora il cane potrebbe intensificare la sua reazione e arrivare anche a mordere!

Comportarsi correttamente con un cane e imparare a interpretarne lo stato d'animo è il miglior modo per evitare situazioni spiacevoli ed è un'importante dimostrazione di rispetto e amore nei confronti degli animali.
Dovete sapere che quando un cane morde, a prescindere dalla causa, viene sottoposto a osservazione da parte di un veterinario, che può decidere di rinchiuderlo per un certo periodo in un canile.
Sarebbe davvero ingiusto se una decisione così grave venisse presa in seguito a un morso ricevuto da un cane che non è stato rispettato e compreso.

COMPORTAMENTI SBAGLIATI

Se volete bene al vostro cane non comportatevi come in queste foto: tra "umani" alcuni sono gesti di affetto, ma come abbiamo visto, per i cani hanno tutt'altro significato e possono essere fraintesi pericolosamente.

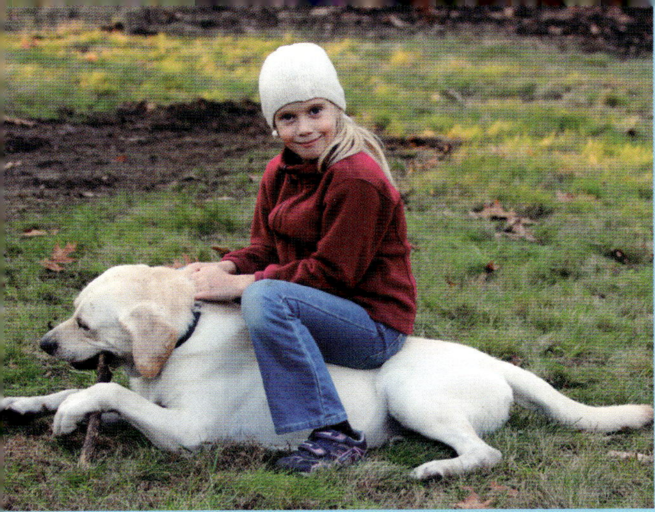
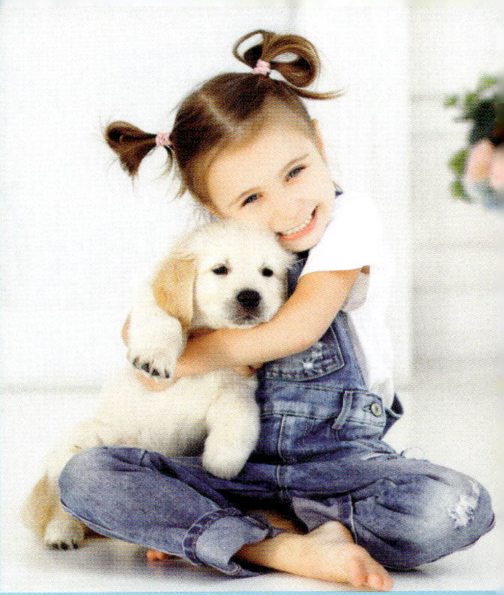
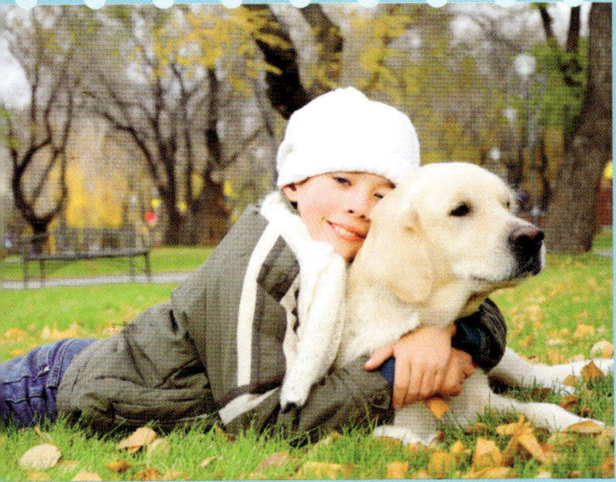
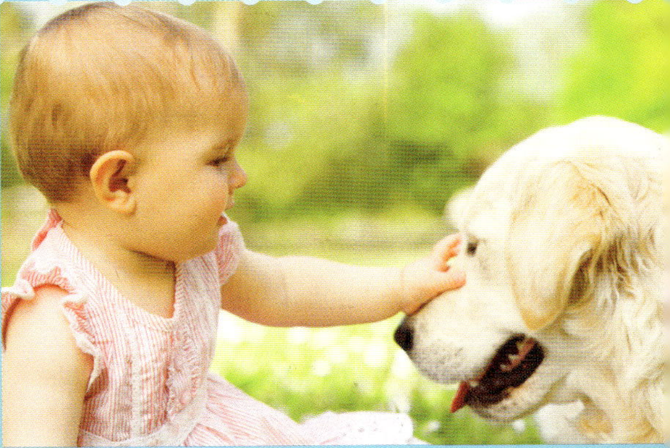
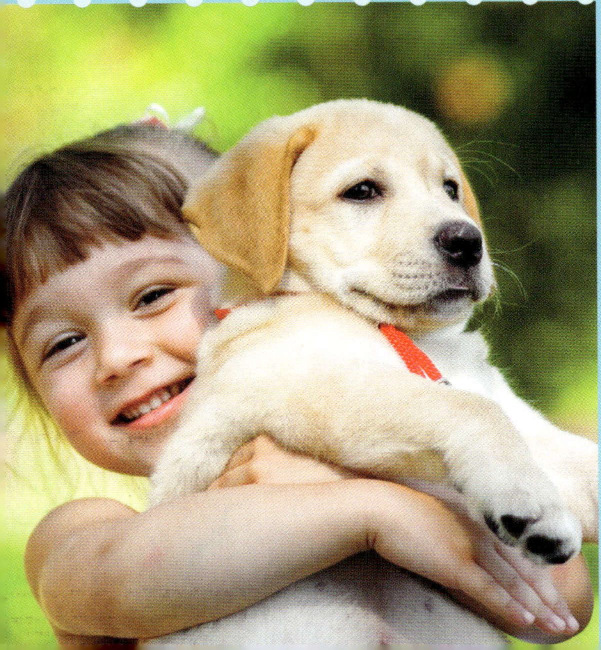
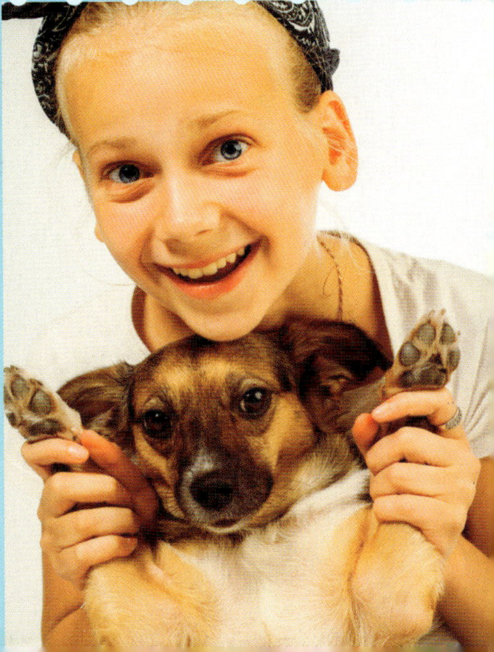

L'ADOZIONE

Dopo aver imparato come prendersi cura di un cane e come renderlo felice, non ci resta che scoprire dove adottare il nostro nuovo amico.
Se siete fan di *Missione Cuccioli* saprete già che **esiste un luogo speciale in cui tutti possono trovare il proprio migliore amico: il canile!**

Dove adottare

I canili ospitano cani che sono stati ceduti o, purtroppo, abbandonati. Alcuni proprietari abbandonano i cani per problemi personali o perché, quando li hanno adottati, non hanno tenuto conto dei sacrifici e delle responsabilità che avrebbero dovuto affrontare. Sebbene questo possa rappresentare un duro colpo per un cane, **non**

dovete pensare al canile come a un luogo in cui sono ospitati solo cani problematici, magari abbandonati a se stessi e privati delle cure di cui necessitano e del contatto umano. O per lo meno non tutti i canili sono così.

Come saprete, esistono anche gli allevamenti dove si possono acquistare cani di razza. Non ho nulla contro gli allevatori che lavorano in maniera professionale dedicandosi con amore e passione agli esemplari della razza che hanno scelto di allevare, rimango convinto, però, che il canile sia la scelta più giusta e di buon senso. Prima di tutto perché **se adotterete un cane in canile**, aiuterete il fortunato prescelto e l'intera struttura e **compirete quindi un gesto di grande altruismo**. E poi perché, prima ancora che un cane di razza, dovreste preoccuparvi di trovare un cane che possa adattarsi alle vostre abitudini e all'ambiente in cui vivete. **Per una convivenza serena, il carattere e le esigenze di un cane sono di gran lunga più rilevanti delle caratteristiche fisiche.**

So bene che anche l'occhio vuole la sua parte e non crediate che anche io non abbia le mie preferenze in merito, ma purtroppo non sempre ciò che ci piace rappresenta la scelta migliore.

Anche nei canili il Kong regala momenti divertenti per gli ospiti!

Se, per esempio, state pensando di adottare un Border Collie, perché vi ha colpito la sua velocità e il suo sguardo attento, non dovreste trascurare che questi cani sono nati per lavorare diverse ore al giorno, a stretto contatto con l'uomo, in spazi ampi e con il compito di spostare greggi molto numerose. Voi e la vostra famiglia potete offrirgli la stessa possibilità? Sappiate che non è facile soddisfare tutte queste esigenze con attività alternative, come qualche corsa in un parco. Sarebbe davvero egoista decidere di adottare un Border Collie se poi non potrete offrirgli la vita che preferisce. Siete d'accordo?

Allo stesso modo, non sarebbe giusto adottare un Beagle, corridore e abilissimo fiutatore, per poi obbligarlo a trascorrere tante ore in casa e a uscire soltanto attaccato al guinzaglio! Tuttavia se vi siete informati bene e avete scoperto che una razza o una tipologia di cane che vi piace ha anche un comportamento che si adatta alla vostra famiglia, allora, piuttosto che spendere soldi per acquistarlo in un allevamento, potreste rivolgervi a un'associazione

RESCUE
"Rescue" in inglese significa salvataggio. Le associazioni rescue si occupano di accudire e trovare una casa a cani di razza che sono stati abbandonati dopo un'adozione sbagliata.

RESCUE. In questo modo regalerete una seconda chance a un cane sfortunato.

In Italia esistono tante associazioni rescue, ma se decidete di percorrere questa strada, non abbiate fretta. Individuatene una che vi consenta di familiarizzare con il cane che hanno scelto per voi prima dell'adozione effettiva. Non affidatevi alle associazioni che vi propongono di adottare a scatola chiusa.

State alla larga anche dai negozi, dalle "fiere del cucciolo" e dagli allevamenti che propongono cuccioli di tante razze e disponibili in tutti i periodi dell'anno (guarda caso a prezzi molto bassi e senza pedigree – che invece è gratuito e obbligatorio per legge!).

I cani venduti in questi luoghi provengono da allevamenti in cui le madri sono costrette ad avere continue cucciolate, rischiando la propria salute e non potendo crescere i propri cuccioli, che vengono immediatamente allontanati per essere venduti. Un cucciolo che vive i suoi primi mesi di vita dietro una vetrina o in gabbia,

> Un cucciolo dovrebbe trascorrere i primi 2 mesi di vita assieme alla madre e alla cucciolata in un ambiente sano e sicuro. La legge vieta di vendere cuccioli prima che abbiano compiuto 60 giorni di vita.

lontano dai fratellini e dai genitori e senza alcuna possibilità di conoscere il mondo che lo circonda, di giocare o semplicemente di riposare, non potrà mai essere felice! Anzi, un cane che cresce in queste condizioni potrebbe sviluppare comportamenti problematici.

Non fatevi ingannare pensando che se lo adotterete lo salverete da quella situazione. Appena venduti, i cuccioli esposti in questi luoghi saranno sostituiti da altri piccoli, in un crudele circolo vizioso da cui ogni vero amante dei cani dovrebbe tenersi alla larga!

Un ultimo consiglio riguarda le adozioni via Internet: evitatele!
È impossibile stabilire se un cane è adatto a vivere con voi e la vostra famiglia semplicemente guardando una fotografia o leggendo un annuncio che potrebbe aver scritto chiunque solo per invogliarvi. Non correte rischi e rivolgetevi direttamente ai canili più vicini a voi.
Così facendo avrete tutto il tempo necessario per compiere la scelta migliore, fidatevi!

Come adottare

Adottare un cane dal canile richiede amore e pazienza.
Non dovete compiere questa scelta in maniera superficiale, ma affrontando una serie di tappe intermedie.
Purtroppo io non posso aiutarvi tutti come faccio con i protagonisti di *Missione Cuccioli*, ma vi invito a seguire lo stesso percorso per poter affermare anche voi: «Missione compiuta!»
Ecco tutte le tappe che affrontiamo durante la trasmissione prima di arrivare all'adozione:

1 **Incontro i futuri adottanti e mi informo bene su ciò che desiderano e su ciò che possono offrire al cane.**

Questo punto è fondamentale per individuare un cane adatto a ogni famiglia. Molte persone cercano cani affettuosi e coccoloni: per loro ovviamente sono controindicati i cani che non amano particolarmente il contatto fisico. Altre hanno l'abitudine di ricevere spesso ospiti: per loro è meglio evitare cani che tendono a fare molto la guardia. Solo dopo aver spiegato quali sono le vostre esigenze e le vostre abitudini, potrete passare alla fase successiva.

2. Individuo alcuni cani e li presento alle famiglie in uno spazio ampio.

Una volta che avrete fatto una lunga chiacchierata con l'educatore del canile dovrà essere lui a mostrarvi i cani che ritiene adatti a voi. È importante che la presentazione avvenga in uno spazio ampio, dove i cani siano lasciati liberi così potrete osservarli e capire che tipi sono.
Evitate di fare il giro completo del canile, perché tutti quei cani dietro le sbarre potrebbero confondervi le idee: rischiereste di sceglierne uno soltanto perché vi fa pena o vi ha colpito più degli altri.

Fatevi raccontare dall'educatore tutto quello che sa sui cani che vi ha presentato. Ogni cane ha la sua storia: cercate di conoscerla fino in fondo. Per esempio, un cane che ha vissuto sempre in giardino potrebbe avere difficoltà ad abituarsi a vivere in casa; mentre un cane che viveva in una famiglia in cui c'erano bambini o altri cani potrebbe fare al caso vostro, a meno che non sia stato portato in canile proprio perché non andava d'accordo con gli altri abitanti della casa.

3 Una volta scelto il cane dovrete conoscervi con calma.

Non portatelo subito a casa, ma trascorrete del tempo con lui nei giorni successivi. Portatelo a passeggio, prima nei dintorni del canile e poi vicino a casa vostra, così che possa conoscere con calma il territorio in cui andrà a vivere. Se tutto procede nel verso giusto, fategli fare un giro di prova a casa vostra e per l'occasione preparategli una ciotola d'acqua fresca, una cuccia e magari anche uno snack da masticare in tranquillità, per rilassarsi dopo che avrà perlustrato tutta la casa.
So che a quel punto dareste qualsiasi cosa pur di tenerlo con voi e che vi sembrerà crudele riportarlo al canile, ma credetemi: lui sarà più sereno! Ad alcuni cani bastano pochi incontri per essere pronti per l'adozione, ad altri ne servono di più: in quest'ultimo caso non disperate e dimostrate al vostro nuovo amico che siete al suo fianco per superare eventuali difficoltà. Sebbene il canile non sia il posto migliore in cui vivere è pur sempre il luogo in cui ha vissuto finora e voi siete ancora degli sconosciuti per lui. Lasciategli il tempo per imparare a fidarsi di voi: in questo modo porrete le basi per un'amicizia sincera e solida e quando lo adotterete in maniera definitiva il vostro cane sarà felice di seguirvi e di rimanere per sempre con voi.

Purtroppo non tutti i canili offrono la possibilità di familiarizzare con il cane e a volte capita che vi lascino scegliere da soli o che vi suggeriscano di portare subito a casa il prescelto: nulla di più sbagliato!

Informatevi prima su come lavorano nel canile in cui avete intenzione di recarvi, e se non vi danno queste garanzie, chiedete di potervi presentare con un educatore che vi aiuterà nella scelta e nel percorso precedente l'adozione. Se invece il canile si opporrà, il mio suggerimento è quello di rivolgervi altrove e di non rischiare di fare una scelta così importante in modo affrettato.

Come prepararsi al grande giorno

Prima dell'arrivo del cane, insieme ai vostri genitori, predisponete la casa seguendo queste semplici indicazioni:

1 Coprite le prese elettriche e i fili della corrente e del telefono.

2 Rendete inaccessibili gli armadietti dove sono contenute sostanze velenose (detersivi, saponi...) o i cibi che possono essere tossici (per esempio le cipolle, il cioccolato e altri dolci).

3 Non lasciate in giro oggetti fragili (portacenere, vasi...) o di materiali come la plastica e la pelle, che sono un vero e proprio invito alla masticazione (telecomandi, giocattoli, custodie di occhiali, scarpe...).

4 Applicate dei cancelletti per bambini all'ingresso delle stanze dove non volete che entri.

5 Rendete sicure zone potenzialmente pericolose (scale, balconi, soppalchi...).

6 Non lasciate fiori e piante a portata di bocca (alcune specie possono essere velenose se masticate).

7 Togliete momentaneamente i tappeti (sono oggetti molto odorosi, il cane potrebbe scambiarli per il luogo dove fare i bisogni).

Nei giorni successivi all'adozione – a volte anche nella prima settimana – è probabile che il cane appaia stanco e insicuro, che sia inappetente o che abbia addirittura problemi di stomaco. Se era in salute e i sintomi non peggiorano drasticamente, non vi allarmate! Si sta semplicemente abituando al cambiamento. Ha bisogno di riposarsi dopo un periodo trascorso in un luogo tutt'altro che rilassante. Concedetegli un po' di tempo e vedrete che tornerà a scodinzolare come prima.

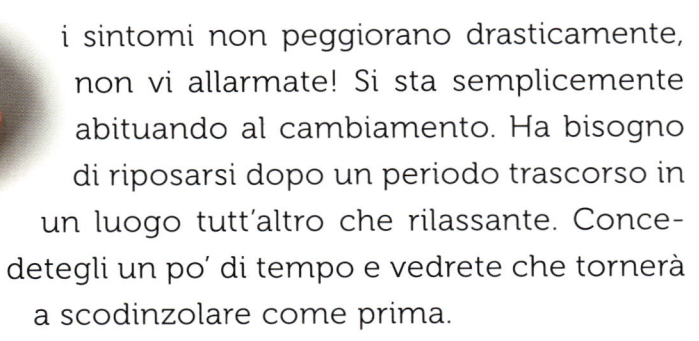

Se non è strettamente necessario, non abbiate fretta di portarlo dal veterinario; inoltre aspettate almeno un paio di settimane prima di presentarlo ai vostri amici e ai parenti: non è il caso di sottoporlo a troppi stress!

Piuttosto scattategli delle foto e mostratele ai più curiosi spiegando loro che potranno conoscere il cane quando avrà imparato a fidarsi di voi.

Evitate anche di fargli incontrare troppi cani; ricordatevi che lo conoscete ancora poco e che è appena uscito da un luogo in cui ha dovuto vivere a stretto contatto con tanti simili: potrebbe aver bisogno di un periodo di recupero. Permettetegli di incontrare solo pochi cani alla volta, meglio ancora se questi ultimi sono equilibrati e capaci di comportarsi bene con i propri simili.

Insomma prendetevi del tempo per farlo riposare e per fargli capire che con voi sarà al sicuro e felice mettendo in atto tutti i suggerimenti che avete letto nei capitoli precedenti.

Ovviamente dopo aver vissuto in una gabbia per tanto tempo, il cane potrebbe aver imparato a fare i bisogni nell'ambiente in cui vive. In questo caso, non arrabbiatevi e non punitelo mai! Imparerebbe solo che di voi non si può fidare e che deve aver paura.

Limitatevi a pulire e a proporgli uscite a orari regolari: vedrete che in men che non si dica "sporcherà" solo fuori.

Se invece non dovesse imparare non datevi per vinti e non scoraggiatevi alle prime difficoltà: chiedete l'aiuto di un istruttore cinofilo e ricordate che a tutto c'è rimedio!

> Amare i cani significa anche comprenderne le difficoltà ed essere pronti ad aiutarli.

"CUCCIOLO O ADULTO?"

Quando deciderete di adottare un cane per prima cosa dovrete scegliere se adottare un cucciolo o un cane già cresciuto: è una scelta importante su cui vi invito a riflettere molto attentamente.

So bene che i cuccioli sono simpatici e tenerissimi e che è davvero difficile non rimanerne incantati.

Ma se state pensando di adottare un cucciolo solo perché vi siete innamorati del suo musino, sappiate che i cani crescono molto più velocemente degli esseri umani. Questo significa che nel giro di qualche mese il vostro cucciolo sarà già un cane adulto dall'aspetto profondamente diverso da quello che vi ha conquistato.

Inoltre, dal mio punto di vista, quella del cucciolo è anche la scelta più impegnativa e non sempre si addice a una famiglia in cui è presente un bambino, soprattutto se la famiglia in questione è alla prima adozione.

Come vedremo a breve, un cucciolo richiede molto impegno, ma soprattutto non è in grado di assecondare le innumerevoli richieste che di solito i bambini hanno nei confronti dei cani (coccole, giochi e altre attività).

Le sue capacità di concentrazione, apprendimento e resistenza non sono neanche lontanamente paragonabili a quelle di un cane adulto. Basti pensare che quest'ultimo ha bisogno di dormire mediamente sedici ore al giorno, mentre un cucciolo dai 2 ai 5 mesi dovrebbe dormire almeno venti o ventidue ore al giorno.

Nel mio lavoro, mi sono occupato di tanti cani con problemi comportamentali: tiravano con foga il guinzaglio durante le passeggiate, distruggevano tappeti o divani quando rimanevano in casa da soli, abbaiavano a tutti i cani che incontravano o giocavano in modo troppo esuberante con i loro proprietari. Insomma, erano spesso troppo agitati. Sappiate che quasi tutti avevano avuto problemi da piccoli, perché i proprietari non avevano dedicato loro il tempo necessario e non avevano permesso loro di crescere in un ambiente abbastanza tranquillo.

I cani adulti, invece, hanno meno esigenze e offrono molti vantaggi. Potete capire subito il loro carattere, come si comportano nei confronti delle persone, dei bambini e degli altri cani, e scoprire se avete gli stessi gusti in fatto di giochi.

Inoltre non è vero, come sento dire spesso, che i cuccioli si affezionano di più ai proprietari.

Abbiamo già visto che i cani si affezionano alle persone con cui condividono esperienze divertenti e gratificanti come le passeggiate e il gioco. Ciò avviene indipendentemente dall'età, proprio come per noi umani.

Tutti noi vogliamo bene ai genitori e ai parenti che ci conoscono da quando siamo nati, ma nel corso della vita abbiamo modo di affezionarci anche ad altre persone: con loro ci divertiamo, ci arrabbiamo, andiamo in vacanza o giochiamo a pallone; e con alcune diventiamo inseparabili!

Chi mi conosce sa che ho adottato Sentinella quando aveva ben 5 anni! Sfido chiunque a dimostrare che non ci vogliamo bene. Abbiamo condiviso esperienze fantastiche e gli ho potuto insegnare tante cose utili o anche solo divertenti.

A questo proposito, **non è vero nemmeno, come dicono in molti, che i cani adulti non imparano quanto i cuccioli.**

Il cane è un animale in grado di imparare molte azioni complesse (pensate per esempio ai cani che aiutano le persone diversamente abili o che lavorano nelle unità di salvataggio e di soccorso) e continua a imparare per tutta la vita.

Il cucciolo: cosa bisogna sapere

Se deciderete di adottare un cucciolo, per i primi 4 mesi dovrete dedicarvi quasi interamente a lui per aiutarlo a crescere nel modo migliore e per evitare che quella che doveva essere una splendida avventura si trasformi in una pessima esperienza per entrambi.

Se i cani adulti di solito sporcano in casa soltanto nei primi giorni, in attesa di comprendere i ritmi e le abitudini della vostra famiglia, i cuccioli lo fanno di continuo, almeno fino ai 6 mesi, poiché prima di quell'epoca non sono in grado di controllare la vescica e l'intestino.

Inoltre, i cuccioli non possono essere lasciati soli in casa, se non per un paio d'ore al massimo, per diversi mesi. Mordicchieranno e faranno disastri (non dispetti!) e avranno bisogno di vaccinazioni e cibi particolari.

Infine se per il cane adulto un percorso con un educatore cinofilo è un'opzione consigliata ma non obbligatoria, nel caso di un cucciolo penso sia indispensabile farsi aiutare da un professionista.

Se dopo aver letto tutto questo, voi e la vostra famiglia siete sicuri di avere il tempo, la possibilità di riorganizza-

re la casa, le risorse economiche, la voglia e la pazienza necessari per portare avanti questa scelta, significa che avete le carte in regola per adottare un cucciolo.
Altrimenti, se non siete in grado di soddisfare tutte queste condizioni, non siate egoisti e prendete in considerazione l'ipotesi di adottare un cane più adulto: sarete più felici entrambi!

Come scegliere il cucciolo

La prima volta che andate a vedere la cucciolata prendetevi del tempo per chiacchierare con l'educatore del canile e osservare bene tutti i cuccioli: state per scegliere il vostro futuro cane! Concentratevi in particolare su come si comportano con i fratellini e con voi. **Ogni comportamento anomalo può rappresentare un campanello d'allarme.**

Se, per esempio, un cucciolo continua ad abbaiare e a mordicchiarvi o se, al contrario, se ne sta isolato senza mostrare curiosità per ciò che lo circonda, forse questo piccolo accusa qualche problema. Naturalmente ci sarebbe modo di intervenire durante la crescita, ma, potendo scegliere, meglio partire con il piede giusto.

Quando dovrete scegliere, non orientatevi sui cuccioli che dimostrano scarso interesse nei vostri confronti, e nemmeno su quelli che vi mordicchiano le mani o cercano di saltarvi addosso anche quando avrete smesso di giocare con loro.

Insomma date la vostra preferenza al cucciolo che si è comportato meglio, anche se altri vi colpiscono di più per l'aspetto.

Nulla vi vieta di andare a fare una passeggiata per discutere con i vostri genitori e di tornare il giorno successivo per verificare se la vostra prima impressione era corretta!

Se sceglierete un cucciolo preparatevi a visitare più volte la cucciolata in modo da farvi conoscere dal vostro futuro amico a quattro zampe. Potreste anche lasciargli un indumento che vi appartiene perché cominci a familiarizzare con il vostro odore.

Come organizzarsi quando arriva il cucciolo

Un cucciolo equilibrato dimostra curiosità verso tutto ciò che lo circonda. E anche il vostro, quando entrerà in casa per la prima volta, vorrà esplorare il territorio; il problema è che lo farà senza alcun senso del rispetto né del pericolo. Ecco perché **dovrete fargli trovare un ambiente confortevole e ricco di stimoli, ma anche sicuro**. Seguitelo sempre durante le sue prime perlustrazioni, e adottate le misure di sicurezza che vi ho suggerito a pag. 112-113.

Anche per il cucciolo vi consiglio di dilazionare nel tempo le visite di amici e parenti per non stressare troppo il nuovo arrivato e di suggerire a tutti gli ospiti di farsi annusare dal cucciolo dopo avervi salutato, ma di non dedicarsi soltanto a lui per non metterlo in difficoltà e per aiutarlo a imparare a socializzare gradatamente.

La cuccia e i dintorni

Come abbiamo già visto, la zona della cuccia, che ho chiamato anche zona relax, va predisposta con cura: qui il nuovo arrivato dovrà riposare senza essere disturbato, lasciandovi la possibilità di dedicarvi ad altro senza troppe preoccupazioni.

Nella zona relax il cucciolo dovrà avere a disposizione:

1 Un cuscino (meglio se con fodera estraibile in modo da poterla lavare facilmente).

2 Una ciotola d'acqua (quando lo lasciate solo, accertatevi di sistemarla in modo che non possa rovesciarla).

3 Almeno un paio di giochi di gomma masticabile (fate attenzione che siano abbastanza resistenti perché, se si dovessero rompere, il cane potrebbe ingoiarli).

4 Il Kong e degli ossicini di bufalo.

Se possibile, recintate la zona relax. Lo spazio, all'interno, dovrà essere grande almeno 2 metri quadrati e il recinto di metallo abbastanza alto da impedire eventuali tentativi di fuga.

Lasciate che il cucciolo entri ed esca dal recinto liberamente, poi, poco alla volta, provate a chiudere l'ingresso quando lui si trova all'interno. Se lo farete entrare nel recinto soltanto quando avrete bisogno di rinchiudervelo, vivrà questo momento come una punizione e non accetterà di buon grado di rimanervi dentro.

Le prime volte che vorrete lasciare il cucciolo all'interno del recinto, quindi, rimanetegli vicino, fategli le coccole, poi consegnategli un ossicino da masticare e, dopo aver chiuso l'accesso, spostatevi. Non allontanatevi troppo, in modo che lui possa vedervi, e fingete di ignorarlo.

È molto probabile che, trovandosi solo, il cucciolo cerchi di uscire o cominci a piangere. Le prime volte avvicinatevi e tranquillizzatelo. In seguito cercate di non accorrere al primo richiamo: vedrete che piano piano comincerà ad accettare il distacco e, non vedendovi arrivare immediatamente, deciderà di rilassarsi facendo una bella dormita.

Durante il giorno lasciate il cucciolo nel recinto al massimo per un paio d'ore e solo se dimostra di essersi abituato a questa sistemazione; ricordatevi di portarlo fuori a fare i bisogni sia prima che dopo il periodo passato nel recinto.

Il recinto dovrà essere montato nella stanza più frequentata della casa, ma all'occorrenza potrete anche spostarlo in altre stanze. Così, per esempio, se dovrete studiare o guardare un film in camera vostra, il cucciolo potrà farvi compagnia e stare al sicuro anche se non potrete tenerlo d'occhio. Prima di farlo entrare nel recinto portatelo a fare i bisogni e giocate un po' con lui. Se piange o cerca di uscire sapete cosa fare, se invece si rilassa lodatelo.

Vi consiglio di usare il recinto anche durante la notte in modo da limitare i movimenti del cane mentre dormite; in questo caso sistemate qualche foglio di giornale sul pavimento perché molto probabilmente sporcherà.

Se avete intenzione di usare un **KENNEL** per i viaggi in macchina, potreste lasciarlo aperto nel recinto e sistemare un cuscino al suo interno. In questo modo il cane si abituerà al trasportino più velocemente. Io ho fatto così con Shaka. Abituare il cucciolo o anche un cane adulto all'utilizzo del kennel può avere numerosi vantaggi, ma è importante che questo strumento non venga vissuto come una punizione.

KENNEL
Il kennel è una struttura utilizzata per contenere e trasportare un cane. Può essere di tessuto o in plastica. Il trasportino deve avere delle aperture per una buona circolazione dell'aria e deve essere abbastanza grande da permettere al cane di stare in piedi e girare su se stesso.

Bisogna fare in modo che il cane entri volentieri nel trasportino. Perché questo avvenga, spargete all'interno del kennel una manciata di bocconcini prelibati e subito dopo chiudete l'accesso in modo che il cucciolo possa fiutare l'odore ma non riesca a raggiungere il cibo. Aspettate qualche secondo e poi pronunciate la frase «Vai dentro» e apritegli. Le prime volte fatelo mangiare lasciando la porta aperta, poi quando vi sembrerà tranquillo all'interno del kennel potrete accostarla delicatamente mentre sta mangiando.

Durante la giornata potete fare altri tentativi con snack da masticare o giochi riempiti di cibo, pronunciando sempre la stessa frase. Ogni volta che il cane entra e addenta il cibo, chiudetelo dentro e aprite quando ha finito di mangiare. Dopo qualche giorno riprovate lasciandolo all'interno sempre un po' più a lungo. Se dovesse agitarsi, provate ad aspettare qualche secondo prima di aprirgli perché potrebbe rilassarsi in breve tempo.

Abituare il cane al distacco non è una cattiveria, ma un modo per aiutarlo a vivere serenamente e per garantirvi la possibilità di lasciarlo a casa da solo quando ne avete bisogno. Non c'è nulla di male se tutto questo avviene nel modo giusto!

Cacca e pipì

So bene che trovare in giro per casa "bisognini" è fastidioso e frustrante, ma se avete deciso di adottare un cucciolo non vi resta che armarvi di pazienza e provare a mettere in pratica i miei consigli.

Sgridare il cane non serve: riuscireste solo a spaventarlo e ad associare il momento dei bisogni a una punizione. Rischiereste solo di aggravare il problema. Il cucciolo infatti potrebbe imparare a non fare mai i suoi bisogni davanti a voi quando lo portate fuori e a tenersi tutto per il rientro a casa, dove troverebbe sicuramente un posto isolato in cui nascondersi ed evacuare.

Quando incappate

> Sono contrario all'idea di abituare i cani di piccola taglia a sporcare in casa, in luoghi appositi, per evitare di portarli fuori. È una grave mancanza di rispetto nei loro confronti.

NO!

in una pipì o in una cacca, quindi, fate un bel respiro, non arrabbiatevi, e chiamate il cane in un'altra stanza in modo che non possa vedervi mentre pulite. Fatelo usando solo detergenti che non contengano ammoniaca.

Poi riaprite la porta e riprendete le vostre attività come se non fosse successo nulla.

La strategia vincente è organizzarsi. Trovate un prato vicino a casa e portatelo fuori molto spesso. Lasciatelo tranquillo sull'erba e gratificatelo con un bocconcino quando fa i suoi bisogni.

Oppure potete individuare un angolo comodo della casa in cui disporre giornali o panni assorbenti. Applicate la stessa strategia e premiate il cucciolo quando farà i suoi bisogni in questo spazio. Non dimenticate, però, di portare fuori il cucciolo diverse volte al giorno e non arrabbiatevi se il cane dovesse decidere di non utilizzare lo spazio che gli avete riservato in casa.

Se invece doveste avere successo, sappiate che questa soluzione ha qualche controindicazione.

> Fino al sesto mese di vita i cuccioli non hanno il pieno controllo della vescica e dell'intestino, quindi arrabbiarsi ogni volta che sporcano in casa non serve proprio a nulla ed è profondamente ingiusto.

Il cucciolo infatti impiegherà più tempo per imparare a:

1 controllare i muscoli della vescica;
2 rispettare i tempi per uscire;
3 acquisire la sicurezza necessaria per marcare e fare i propri bisogni dove ci sono altri cani;
4 decidere di non sporcare in casa.

I cani sono animali molto puliti e fin da piccoli tendono ad allontanarsi dalla cucciolata per fare i loro bisogni. Io consiglio quindi di impegnarvi a portare fuori il cucciolo ogni volta che ne ha necessità. Sono sicuro che anche lui ce la metterà tutta per vincere la sfida insieme a voi!

Morsichini

Perché i cuccioli amano mordicchiare tutto, comprese le vostre mani?
Prima di tutto perché i cani usano la bocca per esplorare e conoscere il mondo che li circonda. Anche i neonati fanno la stessa cosa. Chiedete ai

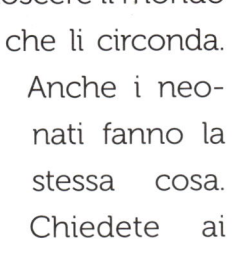

vostri genitori di raccontarvi tutto quello che mettevate in bocca da piccoli e vedrete che, dopo averli ascoltati, quello che fa il vostro cucciolo vi sembrerà del tutto normale.

In secondo luogo per un cucciolo **masticare è un'attività divertente, rilassante e utile a ridurre il fastidio che prova a causa del cambio dei denti**.

Quindi non riuscirete a impedirgli di masticare oggetti, ma sappiate che tutto quello che il cucciolo impara a fare in questo periodo diventerà per lui un'abitudine irrinunciabile! Mettete al riparo tutto ciò che non volete che venga "assaggiato" e insegnategli a masticare solo

GIOCHI DA EVITARE

Lo squeeze toy è un gioco che produce un suono simile allo squittio emesso da una piccola preda. Non compratelo al vostro cane perché avrà il solo effetto di eccitarlo e di incentivarlo a mordere. Inoltre un cucciolo potrebbe romperlo e ingoiarne qualche pezzo rischiando di soffocare.

Per i cani usare la bocca è normale ma... dobbiamo essere noi a insegnare cosa è giusto mordicchiare!
A sinistra un esempio di cosa non fare. Molto meglio invece l'esempio di destra.

oggetti idonei. Vi consiglio di comprare degli ossicini di bufalo e dei giochi che possano essere masticati senza rischi.

Se sorprendete il cucciolo a mordicchiare un mobile o un tappeto non sgridatelo, richiamatelo e convincetelo a seguirvi fino al suo recinto o in una zona dove gli darete qualcosa da masticare mentre lo tenete a vista.

Per lui è un comportamento naturale, quindi fornirgli una valida alternativa sarà molto più utile che arrabbiarvi!

Insegnategli anche che mordicchiarvi non è assolutamente un bel modo per giocare.

Durante i mesi trascorsi con la madre e i fratellini il cucciolo dovrebbe aver acquisito il controllo del morso, cioè la capacità di controllare la forza con cui chiude la bocca. Tuttavia la sopportazione del dolore nei cani è più alta della nostra e quindi il cucciolo dovrà imparare a essere più delicato quando decide di usare la bocca con voi!

Se durante il gioco o le coccole il vostro amico vi rifila un morso, dite «Ahi!» e alzatevi subito in piedi. Fingendo di fare altro, ignoratelo per un po'. Se insiste nel mordervi giratevi immediatamente, andate in un'altra stanza e aspettate che si sia rilassato prima di tornare da lui. Potrete fare lo stesso anche quando abbaia insistentemente per attirare l'attenzione.

In questo modo gli comunicate che questi atteggiamenti non vi fanno piacere e che comportandosi così ottiene il contrario di ciò che vuole. Ma non è tutto: capirà anche che ci sono dei limiti che non possono essere oltrepassati e che non può fare tutto quello che gli passa per la testa.

La socializzazione: il cucciolo scopre il mondo

Durante i primi mesi di vita cercate di stimolare il cucciolo proponendogli esperienze diverse. Tutto ciò che di positivo impara in questo periodo gli servirà per diventare più sicuro di sé e per comportarsi in maniera equilibrata nelle diverse situazioni per tutta la vita. In casa potete divertirvi con lui facendo giochi differenti, creando piste di bocconcini o nascondendo il cibo dentro oggetti. Potete anche creare percorsi fatti di strutture diverse come scatole, scale o piccole pendenze. Guidatelo con un bocconcino e fatelo camminare su vari materiali, come la moquette, il legno, la carta da imballaggio o dentro una bacinella semi-piena d'acqua per abituarlo alle pozzanghere.

Tenete sempre a mente che state "lavorando" con un cucciolo e che quindi è normale che si confonda e si stanchi facilmente.

Liberate la vostra fantasia e date vita a momenti divertenti per entrambi, stando soltanto attenti a non eccitarlo e a non spaventarlo. Ricordatevi sempre che ogni esperienza deve concludersi positivamente, anche quando uscite a passeggiare.

A questo proposito, vorrei sfatare un'altra bugia che riguarda i cani. Sicuramente avrete sentito dire che finché non ha completato i vaccini il cucciolo non può uscire di casa e non deve entrare in contatto con altri cani. Ma non è proprio così. È sufficiente che il cucciolo non entri in contatto con le feci e l'urina di cani non vaccinati e di animali selvatici. Prima di terminare il ciclo delle vaccinazioni, quindi, evitate le aree cani e in generale i luoghi molto sporchi, ma portatelo a spasso regolarmente e fategli conoscere altri cani vaccinati.
Ricordate che la socializzazione è una fase molto importante per la crescita del cucciolo che gli fornirà gli strumenti per affrontare il mondo.

Quando portate a passeggio il vostro cane, fatevi aiutare da qualche amico e organizzate dei "finti" incontri, in cui i vostri amici si fermeranno a parlare con voi. Il cane avrà la possibilità di imparare a relazionarsi con gli estranei. Potete anche chiedere ai vostri amici di indossare un cappello e un paio di occhiali da sole, di portare un ombrello aperto o di spingere lentamente una bicicletta. Il cucciolo avrà modo così di assistere a situazioni diverse, tipiche della vita quotidiana nelle città. Se si dimostra sereno, lodatelo e proseguite la passeggiata. Se invece dovesse mostrarsi spaventato, non forzate l'avvicinamento, piuttosto rimanete qualche secondo a chiacchierare con il vostro amico, ma tenendovi a distanza in modo che il cucciolo si tranquillizzi.

Se da un lato è importante che dai 2 ai 5 mesi il cucciolo faccia esperienze diverse, dall'altro dovrete stare attenti a non stancarlo troppo e a non esagerare nelle proposte. Dopo ogni attività di questo tipo, date la possibilità al cucciolo di rilassarsi in modo che possa dormirci sopra e fare tesoro di quanto è successo.

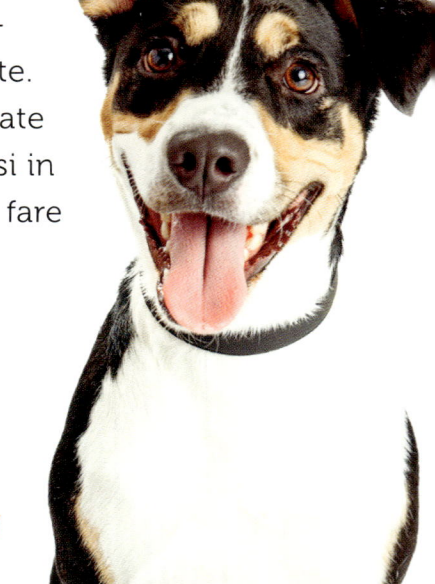

L'adozione a distanza

Se dopo aver letto questo capitolo vi siete accorti che desiderate adottare un cane ma non potreste mai dedicargli il tempo necessario, allora sappiate che potete comunque coronare il vostro sogno grazie a un'iniziativa proposta da numerosi canili: l'adozione a distanza. Con l'adozione a distanza potrete scegliere un cane e garantirgli tutto quello di cui ha bisogno durante la sua permanenza in canile, pagando una piccola quota mensile. Non solo: potrete portarlo a spasso vicino al canile, giocare con lui e fare altre esperienze importanti. In questo modo aiuterete il cane che avrete scelto a vivere meglio e chissà che conoscendovi con calma poi non scopriate di essere fatti davvero l'uno per l'altro!

COME ORIENTARSI TRA LE RAZZE

La maggior parte delle razze che conosciamo è stata creata dall'uomo attraverso un processo chiamato "**selezione**", con lo scopo di ottenere cani specializzati in determinati compiti (la caccia, il riporto, la guardia ecc.).

Questo processo ha generato esemplari in cui alcune caratteristiche sono esasperate mentre altre sono quasi assenti. Per esempio, un cane da guardia creato per difendere il territorio difficilmente potrà sviluppare un carattere ospitale nei confronti degli estranei come quello di un cane da compagnia. Così come un Terrier di tipo Bull, tipologia che in passato era destinata ai combattimenti, non sarà mai molto socievole nei confronti degli altri cani.

Ecco perché è sbagliato scegliere un cane di razza soltanto per questioni estetiche o per seguire la moda del momento. È un errore che potrebbe condannare voi e il vostro cane a una convivenza infelice!

Vi sconsiglio, inoltre, di orientarvi su un cane di una razza particolare soltanto in base all'esperienza che avete avuto con qualche esemplare. È vero che i cani appartenenti alla stessa razza hanno caratteri e comportamenti simili, ma dobbiamo sempre ricordarci che stiamo parlando di esseri viventi e non di oggetti prodotti in serie.

Quindi se il vostro migliore amico ha un cane di razza molto simpatico, che sembra perfetto anche per voi, informatevi bene e cercate di incontrare altri esemplari della stessa razza prima di orientarvi su questa tipologia di cane, per essere certi che non si tratti della classica "eccezione che conferma la regola"!

Del resto, sappiate che se decidete di adottare un cucciolo di razza non potrete essere certi di quale sia il suo carattere fino a quando il cane in questione non sarà adulto: un cucciolo appartenente a una razza descritta come docile e affettuosa può infatti sviluppare un carattere completamente diverso, soprattutto se non viene cresciuto correttamente o se proviene da un allevamento multi-razza o da un negozio dove di sicuro non ha ricevuto le giuste attenzioni.

Ora immagino che vi starete chiedendo: se ci consigli di adottare un cane dal canile dove per lo più sono presenti meticci, perché hai deciso di

FEMMINE E STERILIZZAZIONE

L'unica caratteristica che accomuna le razze è forse legata al sesso dei cani: le femmine sono generalmente più dolci, pazienti e tendono a essere meno litigiose. Se decidete di adottare una femmina vi consiglio di farla sterilizzare dopo il secondo calore, ovvero quando sarà diventata ormai adulta. La sterilizzazione serve a prevenire molte malattie pericolose e a evitare cucciolate indesiderate. Non credete a chi vi dice che le cagne devono fare almeno una cucciolata: questa non è affatto una loro esigenza e molto spesso neanche un desiderio.

dedicare l'ultimo capitolo di questo libro alle razze?
La risposta è semplice: perché quando vi troverete di fronte un meticcio, sarà più facile capire che tipo di cane è se avrete imparato a conoscere il comportamento e l'aspetto dei cani di razza.

Mi spiego meglio. Pensate ai Rottweiler, ai Mastini Napoletani e ai Boxer. Sono cani dall'aspetto diverso, ma hanno tratti importanti che li accomunano: il cranio grosso e schiacciato, il pelo raso, la muscolatura evidente e la taglia medio/grande. E questo vale anche per la loro predisposizione caratteriale: tutti e tre infatti appartengono alla tipologia dei cani da guardia e in particolare al gruppo dei molossi. Potremmo dire che sono parenti.
Dovete sapere che quando due cani si riproducono trasmettono ai loro cuccioli sia le loro caratteristiche estetiche sia quelle comportamentali.

Perciò, un meticcio simile a un molosso nell'aspetto, avrà probabilmente anche diversi tratti caratteriali in comune con questa tipologia di cani. Naturalmente, per conoscere davvero il carattere di un meticcio, dovrete ascoltare l'educatore che ve lo presenterà. Ma le informazioni sulle razze che troverete nei prossimi paragrafi potranno esservi molto utili per orientarvi nella scelta. Come vedrete, ho deciso di porre l'attenzione soprattutto sul carattere e meno sull'aspetto estetico, per questo ho suddiviso le varie razze in base alla loro specializzazione.

Cani da compagnia

I cani che appartengono a questa tipologia hanno generalmente dimensioni ridotte, sono affettuosi e hanno un carattere estremamente positivo.

Sono sicuramente i cani più adatti a chi adotta per la prima volta e alle famiglie in cui sono presenti bambini, poiché sono facili da educare e amano essere coccolati.

Fanno parte dei cani da compagnia il **Cavalier King Charles Spaniel**, il **Bolognese,** il **Carlino**, il **Boston Terrier**, il **Bulldog Inglese** e il **Bouledogue Francese** (in assoluto i miei preferiti!).

Gli ultimi quattro somigliano a dei piccoli molossi e infatti sono in genere molto affettuosi e, con l'eccezione del Boston Terrier, anche un po' più pigri. Mentre il Cavalier King ha tratti in comune con alcuni cani da caccia collaborativa, per cui avrà più bisogno di fare moto e attività assieme a voi.

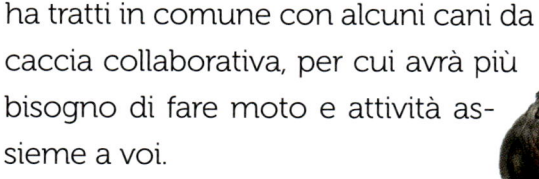

CHIHUAHUA

BOULEDOGUE FRANCESE

Il **Chihuahua** invece è estremamente fragile e quindi non è indicato per i bambini più piccoli né per quelli troppo vivaci. Sebbene le loro dimensioni siano davvero ridotte, ricordate che i cani da compagnia non sono peluche e meritano lo stesso rispetto dei cani di taglia più grande. Quindi non lasciate che sporchino in casa per ridurre il numero delle uscite quotidiane: abbiamo visto che tutti i cani hanno l'esigenza di comunicare e di stare insieme ai loro simili. Inoltre ricordate che i cani da compagnia hanno bisogno di camminare "sulle loro zampe"; evitate quindi di vestirli come neonati e di portarli perennemente in braccio o, peggio ancora, nella borsetta o nel passeggino. Quando incrociate cani più grandi, lasciate che socializzino e che imparino a non averne paura.

Fateci caso: tutti i cani di piccola taglia che vengono tenuti in braccio sono isterici o molto paurosi; è il risultato di una gestione sbagliata.

Infine, cercate di non viziarli troppo, altrimenti svilupperanno la "sindrome di Napoleone" e si trasformeranno in piccoli despoti prepotenti, abbaioni e poco disposti a divertirsi con voi!

CAVALIER KING CHARLES SPANIEL

BOSTON TERRIER

Cani da caccia

I cani da caccia sono senza dubbio i più numerosi. Ne fanno parte cani molto adatti a vivere in famiglia, ma anche cani più difficili da gestire.

In generale, gli esemplari appartenenti a questo gruppo amano perlustrare gli ambienti, correre liberi all'aria aperta e sono molto vivaci e giocherelloni. Per questo motivo, richiedono un grosso dispendio di tempo ed energie per educarli correttamente e per assecondare le loro esigenze quotidiane di moto ed esercizio fisico.

Sono i compagni ideali di una famiglia attiva, amante delle passeggiate lunghe in ambienti naturali (e non per negozi!) e che ha molto tempo libero a disposizione. Al contrario non sono adatti alle persone molto impegnate che trascorrono poco tempo a casa: questi cani, infatti, non amano stare da soli a lungo e se non hanno modo di sfogarsi tutti i giorni possono diventare nervosi e adottare comportamenti distruttivi.

Cani da caccia collaborativi

**GOLDE
RETRIEVE**

I cani da caccia collaborativi sono cani docili, vogliosi di imparare e di stare a stretto contatto con altri cani per svolgere attività impegnative e durature.

Fanno parte di questo gruppo i **Retriever**, i **Bracchi**, i **Barboni** e gli **Spaniel**, cani ben disposti alla vita in famiglia, a patto che si rispetti la loro indole di perlustratori e di corridori incalliti.

Possiamo far rientrare in questo gruppo anche i **Lagotti**, sebbene siano specializzati nella caccia... ehm... nella ricerca dei tartufi, e i cani da acqua come per esempio il **Cao de Agua Portoghese**. Questi cani hanno bisogno di inseguire gli odori. Non si accontentano di correre al parco al fianco del proprietario o dietro una pallina e hanno bisogno di svolgere attività pensate appositamente per loro.

BRACCO TEDESCO

BARBONE

Cani da caccia non collaborativi

I cani da caccia non collaborativi sono stati selezionati per seguire le prede oppure per stanarle e ucciderle.

Al primo tipo appartengono i segugi, come i **Beagle**, i **Bloodhound** e i **Bassethound**. Sono cani generalmente docili con l'uomo e con i loro simili, ma più difficili da educare e gestire a causa del loro carattere indipendente e testardo.

Al secondo gruppo appartengono i **Bassotti** e i **Terrier**, ovvero cani che, a dispetto della piccola taglia, hanno un carattere fiero e combattivo che deve essere gestito per evitare di vederli protagonisti di risse giornaliere con gli altri cani del quartiere.

Sono intelligenti e vivaci, ma, nonostante siano spesso considerati animali da compagnia a causa delle dimensioni ridotte, non amano molto essere coccolati e sono diffidenti nei confronti degli estranei. Per questo motivo, non sono consigliabili a un proprietario alla prima esperienza di adozione e, dal mio punto di vista, neanche a una famiglia con bambini.

YORKSHIRE TERRIER

JACK RUSSELL

BEAGLE

Terrier di tipo Bull

Dall'incrocio dei **Terrier** con i più muscolosi **Bull** (molossi) sono nate le quattro razze appartenenti al gruppo dei **Terrier di tipo Bull**, cani che in passato erano destinati ai combattimenti. Fra questi i più noti sono senza dubbio i **Pit Bull** e i **Bull Terrier**. Sono più affettuosi e coccoloni dei Terrier, ma hanno un carattere e qualità fisiche che li rendono inadatti a una prima esperienza e, in generale, a chi non ha già gestito con successo altri cani impegnativi. Inoltre richiedono precauzioni maggiori rispetto ad altre razze: a causa della loro aggressività, non potrete lasciarli liberi durante le passeggiate in presenza di altri cani. E dovrete imparare anche a gestirli in famiglia: per quanto non siano killer spietati, come spesso invece vengono dipinti, possiedono un mix di caratteristiche per cui non mi sentirei di consigliarli a una famiglia in cui è presente un bambino.

BASSOTTO

PIT BULL

Cani da pastore o da conduzione

Da sempre l'uomo si è avvalso dell'aiuto del cane per condurre e proteggere il bestiame. Proprio con questo obiettivo è stata operata la selezione dei cani da pastore. Gli esemplari di questo gruppo sono cani dalle notevoli doti fisiche e intellettive: amano collaborare con l'uomo e sono felici di imparare cose nuove ogni volta che ne hanno la possibilità.

PASTORE DELLA BEAUCE

Così come per i cani da caccia, però, il loro pregio più grande può trasformarsi nel loro peggior difetto! Questi cani infatti non amano trascorrere troppo tempo in solitudine e senza dedicarsi a qualche attività. Per questo motivo, se non avete tanto tempo a disposizione e altrettanta voglia di lavorare e di giocare con loro, purtroppo questi cani non fanno per voi.

Fra i cani da pastore vi sono i **Collie** (i più noti sono il **Cane da Pastore Scozzese** e il **Border Collie**), l'**Australian Shepherd**, il **Bobtail** e il **Bergamasco**.
Alcuni cani da pastore, come i **Pastori Tedeschi**, i **Pastori Belga** e il **Pastore della Beauce** si contraddistinguono per una maggiore predisposizione alla guardia e alla difesa. Queste caratteristiche vanno gestite con intelligenza e dolcezza e non con un addestramento militare che rischierebbe solo di esaltarle.

BORDER COLLIE

AUSTRALIAN SHEPHERD

Cani da guardia e da difesa

Le razze adibite a questo compito sono numerose e diverse tra loro.
Un primo grande gruppo è costituito dai cosiddetti "guardiani degli armenti", ossia i cani da pastore di grossa taglia il cui compito non era quello di condurre il bestiame, ma di tenerlo costantemente d'occhio e proteggerlo dagli attacchi dei grossi predatori o dei ladri.
I guardiani degli armenti, quindi, sono molto indipendenti, sedentari, territoriali, non

DOGO ARGENTINO

MASTINO NAPOLETANO

particolarmente affettuosi e non di rado intolleranti nei confronti dei loro simili e degli estranei. Per questo motivo non sono consigliabili né per una prima esperienza, né per famiglie con bambini: potrebbero imparare a convivere con i piccoli di casa, ma non accettare di buon grado il tipico "viavai" di un'abitazione molto frequentata. Fra i grossi cani da montagna vanno citati i **Maremmani**, i **Pastori dell'Anatolia**, i **Pastori dell'Asia Centrale**, i **Pastori del Caucaso** e quelli di **Ciarplanina**.

Un secondo gruppo di cani da guardia è costituito dai molossi, ossia cani che, indipendentemente dalla taglia, sono caratterizzati da un aspetto massiccio e da un cranio largo e corto che permette di esercitare una forza maggiore nel morso. Ne fanno parte i **Cani Corso**, i **Mastini Napoletani**, i **Rottweiler**, i **Dogue de Bordeaux**, i **Boxer**, i **Doghi Argentini**, gli **Alani** e i **Bullmastiff**.

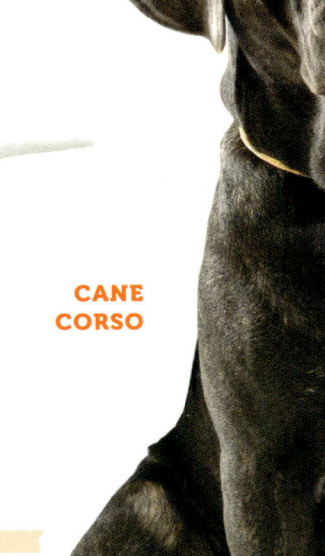

CANE CORSO

Eredi degli antichi "cani da guerra" e dei cani da lavoro, stringono un legame molto forte e sono molto affettuosi con il proprio nucleo famigliare, ma possono sviluppare un carattere abbastanza irascibile e vigile nei confronti degli estranei. Per quanto siano più dinamici e disposti a imparare rispetto ai guardiani degli armenti, sono più pigri e indolenti di altri cani da guardia come gli **Schnauzer**, i **Dobermann** e i **Pinscher**.

I cani da guardia e da difesa vanno gestiti con attenzione e non vanno mai sottovalutati, altrimenti potrebbero creare seri problemi non solo agli estranei e agli altri cani, ma anche agli ospiti e ai membri della famiglia.

ALANO

PASTORE MAREMMANO

Incroci di lupi con pastori tedeschi

A questa tipologia appartengono tre razze: il **Lupo Cecoslovacco**, il **Lupo di Saarloos** e il **Lupo Italiano**. Caratterizzati da un aspetto affascinante come i protagonisti di celebri favole della nostra tradizione, gli incroci di lupi hanno un carattere schivo e diffidente che mal si adatta alla vita urbana.

Dai lupi delle foreste hanno ereditato la necessità di vivere sempre a contatto con il branco e un notevole attaccamento al territorio e alle loro risorse, caratteristiche che li rendono potenzialmente pericolosi. Di sicuro sconsiglio questi cani a famiglie con bambini, a proprietari alla prima esperienza e, più in generale, a chiunque viva in contesti urbani e non abbia la possibilità di portare il cane a fare lunghe passeggiate ogni giorno, lasciandolo libero per la maggior parte del tempo.

LUPO CECOSLOVACCO

Cani primitivi

A questa tipologia appartengono i cani nordici e i levrieri. I primi erano originariamente usati per trainare le slitte e per fare la guardia agli accampamenti. Hanno un carattere indipendente e testardo che può dare del filo da torcere. I nordici infatti adorano correre liberi e tendono ad allontanarsi dal loro proprietario per andare alla ricerca di prede o semplicemente per seguire un odore particolarmente interessante. Inoltre sono abituati a vivere in muta e questo li rende particolarmente sensibili alla solitudine. Ne fanno parte l'**Alaskan Malamute**, il **Siberian Husky**, l'**Akita Inu**, lo **Shiba Inu** e il **Samoiedo**.

SIBERIAN HUSKY

I levrieri sono animali antichissimi, selezionati per la caccia a vista (mentre gli altri cani sfruttano soprattutto le potenzialità olfattive) e caratterizzati dal tipico aspetto "longilineo" che li rende corridori eccellenti. Sono indipendenti, riservati con gli estranei, non particolarmente collaborativi né amanti del gioco e delle coccole e, per questo motivo, più difficili da educare e coinvolgere.

Fra i levrieri ricordiamo i **Pharaoh Hound** (il "cane dei Faraoni"), i **Basenji**, i **Borzoi**, i **Whippet**, i **Saluki** e gli **Irish Wolfhound** (che con gli Alani si contendono il titolo di cani più grandi).

I tratti comportamentali dei cani primitivi sono ben radicati e, per quanto affascinanti, possono rappresentare una difficoltà seria per le famiglie con bambini e per i proprietari alle prime armi.

IRISH WOLFHOUND

WHIPPET

Meticci

I **meticci** sono nati dall'**incontro di altri meticci** o **dall'incontro di due cani appartenenti a razze differenti**. I risultati possibili di questi incroci sono praticamente infiniti e descriverli tutti è impossibile. Ogni meticcio, infatti, è unico e inimitabile!

Proprio perché sono il frutto della selezione naturale e non di quella operata dall'uomo, i meticci sono cani decisamente più versatili dal punto di vista caratteriale e comportamentale; inoltre sono anche più sani e meno predisposti alle tante malattie tipiche dei cani di razza (la più nota è la displasia, una malattia ereditaria che riguarda le articolazioni).

Quando vi trovate di fronte a un meticcio osservate attentamente il suo aspetto fisico e cercate di capire a quale tipologia di cane si avvicina di più. In questo modo potrete ricavare informazioni importanti anche sul suo carattere.

Se seguirete attentamente i miei consigli, sono certo che anche voi riuscirete a trovare un vero amico a quattro zampe!

Osservando Kaya (a destra), meticcio, ed Emma (a sinistra), Pastore dell'Anatolia, si notano molte somiglianze. La forma del cranio, delle orecchie, la lunghezza degli arti e del pelo sono solo alcuni degli aspetti che condividono. Entrambe inoltre sono sdraiate in un punto che permette di controllare il territorio: atteggiamento tipico dei grossi cani da guardia.

Osservando Shaka, Amstaff (a sinistra), e Mya, meticcio (a destra), le somiglianze saltano subito all'occhio.

Il papà di Arturo (a sinistra), meticcio, è un Podenco Ibicenco, come Atlante (a destra), esemplare di Podenco a pelo duro. Osservate la forma delle orecchie, del cranio, il taglio degli occhi e i colori del pelo.

RINGRAZIAMENTI

Se vogliamo migliorare il mondo in cui viviamo dobbiamo puntare sull'educazione dei bambini, gli adulti di domani.
Con questo libro mi auguro di aver dato il mio contributo perché cani e bambini (ma non solo!) possano conoscersi e rispettarsi per dar vita a una serena convivenza e a una meravigliosa esperienza di crescita.
Tutto questo, però, dipende prima di tutto da te, mio caro lettore!
Ecco perché sei la prima persona che voglio ringraziare a nome mio e di tutti i cani che avrai la fortuna di incontrare.

Ringrazio De Agostini per aver deciso di pubblicare un vero e proprio manuale di cinofilia per ragazzi, e tutte le persone che hanno dato vita al libro che stringete fra le mani.

Ringrazio Chiara Piovan e The Italian Literary Agency per il supporto nella mia attività autorale.

Infine ringrazio Sentinella & Shaka: i miei compagni di vita e di avventure, senza i quali (non dimenticando Kaya!) tutto questo non sarebbe stato possibile!